〈기적의 한글 학습〉 최영환 교수의 받아쓰기 프로그램!
2007년 출간 이래 최고의 베스트셀러!

기적의 받아쓰기

개정판

3권 복잡한 소리의 변화 1

〈초등 1학년~4학년〉

길벗스쿨

〈기적의 한글 학습〉 최영환 교수의 국어 능력 향상 프로젝트!
2007년 출간 이래 받아쓰기 분야 최고의 베스트셀러!

기적의 받아쓰기 개정판 3권
The Miracle Dictation vol. 3

초판 1쇄 발행 · 2012년 2월 1일
초판 51쇄 발행 · 2022년 9월 16일

지은이 최영환
발행인 이종원
발행처 길벗스쿨
출판사 등록일 2006년 6월 16일
주소 서울시 마포구 월드컵로 10길 56 (서교동)
대표 전화 02)332-0931 **팩스** 02)322-3895
홈페이지 www.gilbutschool.co.kr **이메일** gilbut@gilbut.co.kr

기획 이수란 **담당 편집** 이경은(hey2892@gilbut.co.kr)
디자인 이도경 **교정교열** 신경아 **일러스트** 안녕달 **전산편집** 지누커뮤니케이션
녹음 및 편집 영레코드 **성우** 엄현정 **CTP 출력 및 인쇄** 대원문화사 **제본** 신정제본

- 잘못된 책은 구입한 서점에서 바꿔 드립니다.
- 이 책에 실린 모든 내용, 디자인, 이미지, 편집 구성의 저작권은 길벗스쿨과 지은이에게 있습니다.
  허락 없이 복제하거나 다른 매체에 옮겨 실을 수 없습니다.

ISBN   978-89-92279-25-3 63710
SET   978-89-92279-27-7
(길벗스쿨 도서번호 10889)

가격 12,000원

독자의 1초를 아껴주는 정성 길벗출판사

길벗스쿨 | 국어학습서, 수학학습서, 유아학습서, 어학학습서, 어린이교양서, 교과서
길벗 | IT실용서, IT/일반 수험서, IT전문서, 경제실용서, 취미실용서, 건강실용서, 자녀교육서
더퀘스트 | 인문교양서, 비즈니스서
길벗이지톡 | 어학단행본, 어학수험서

받아쓰기는 외워쓰기가 아닙니다

받아쓰기를 하는 까닭은 단순히 남이 하는 말이나 글을 옮겨 적기 위함이 아닙니다.
이것은 받아쓰기의 기초 목표일 뿐입니다.

받아쓰기를 하는 최종 목표는 다른 사람의 말을 듣고, 그것의 의미를 파악하는 능력을 기르는 것입니다.
받아쓰기를 잘하면 다른 사람의 말소리를 듣고 그 의미를 더 잘 이해하게 됩니다.

학교에서 받아쓰기를 위해 미리 나누어 준 자료에 포함된 낱말이나 문장만 암기해서는 이 목표에 도달할 수 없습니다. 현재의 받아쓰기는 불러 주는 것을 받아쓰는 것이 아니라, 외운 것을 기억해서 쓰는 것입니다.
따라서 이런 방식으로 공부한 사람은 새로운 낱말이나 문장을 부르면 제대로 받아쓰지 못합니다.

받아쓰기 능력이 있는 사람은 말소리와 문자의 대응 관계를 잘 알기 때문에 한 번도 들어 본 적이 없는 낱말이나 문장이라도 그것이 무슨 낱말인지 빠르고 정확하게 파악할 수 있습니다. 소리와 문자의 대응 관계를 파악하는 원리를 중심으로 받아쓰기 학습을 해야 하는 이유가 바로 여기에 있습니다.

머리말

저는 초등학교 저학년 때 받아쓰기를 잘하지 못해서 늘 열 문제 중 두세 개는 틀렸습니다. 저의 받아쓰기 평균 점수는 70점~80점 정도로 기억됩니다. 선생님께서 집에서 받아쓰기를 공부하라고 하셔서 어머니와 열심히 공부하고 다음 날 학교에 가면, 선생님께서는 어제 공부했던 단원의 다음 단원에서 받아쓰기 문제를 내셨습니다. 그러면 저는 또다시 70점 정도의 점수를 유지할 수밖에 없었습니다.

요즘은 제 큰아이가 학교에서 받아쓰기를 합니다. 일주일에 1회~2회 받아쓰기를 하는데, 학교에서 받아쓰기를 할 자료를 미리 15개 정도 인쇄해서 보내 줍니다. 지난주에 공부한 것이 이번 주에 공부할 것보다 더 어려울 때도 많습니다. 집에서 열심히 외워서 학교에 가니 받아쓰기가 아니라 외워쓰기가 되는 것이죠. 무작정 15개를 외우려고 하니 아이도 힘들고, 가르치는 부모로서도 여간 어려운 것이 아닙니다.

이 책은 저의 어린 시절 기억과 제 아이가 요즘 겪는 고통을 바탕으로 만들었습니다. 왜 받아쓰기를 하는가? 받아쓰기를 어떻게 해야 하는가? 내가 정말 받아쓰기를 못하는 것인가? 아니면 받아쓰기 문제가 나쁜 것인가? 어린 시절 나의 질문은 이 시대 아이들의 질문이기도 하고, 부모님의 고민이기도 합니다.

 ## 받아쓰기는 왜 하는가?

받아쓰기를 하는 이유는 말소리를 글자로 표현할 수 있도록 하기 위해서입니다. 역사적으로 볼 때 과거에는 문자를 사용하는 능력이 사회 지배 계층만의 특권이었습니다. 현대 사회에서는 대부분의 정보가 문자로 전달되기 때문에, 문자를 학습한다는 것은 현대인으로 살아가기 위한 필수 요건이 된 지 오래입니다. 첨단 정보화 시대가 된 지금에 와서는 문자를 통한 의사소통 능력은 더욱 더 중요해졌습니다. 따라서 아이들이 글을 통해 자유롭게 의사소통을 할 수 있는 능력을 길러 주기 위해서 받아쓰기를 하는 것입니다.

받아쓰기를 어떻게 해야 하는가?

받아쓰기는 말소리를 듣고 '소리 나는 대로' 적으면서, '어법에 맞도록' 해야 합니다. 사실 이것이 어렵지요. '소리 나는 대로' 적더라도 '우리'보다는 '연필'이 어렵고, '어법에 맞도록' 해도 '놀이터'보다는 '빗방울'이 어렵습니다. 받아쓰기는 소리와 문자의 대응 관계를 중심으로, 단계적이고, 체계적으로 해야 합니다. 된소리되기, 자음동화, 구개음화 등 모든 것은 원리를 중심으로, 관련된 것끼리 묶어서 학습하여야 합니다.

 ## 정말 받아쓰기를 못하는 것인가?

잘 불러 주면 잘 받아쓸 수 있습니다. 무엇을, 어떻게 불러 주는가에 따라 아이들의 받아쓰기 결과는 달라집니다. 아무것이나 닥치는 대로 불러 주면, 아이들은 받아쓰기를 하면서도 그 의미를 찾지 못합니다. 또, 불러 주는 부모님의 발음이 이상해도 틀릴 수밖에 없습니다. 찰떡같이 불러 주어야 찰떡같이 받아쓸 것이 분명합니다.

이 책은 아이들을 위한 책입니다. 받아쓰기가 재미있고, 즐겁고, 유익한 것이 되도록 하기 위하여 만들었습니다. 이 책을 갖고 공부하는 저의 작은아이는 초등학생도 아닌데, 매일 저녁 받아쓰기를 하자고 조르고 있습니다. 원리를 알아 가며 받아쓰는 재미에 푹 빠졌기 때문입니다.

2006년 12월

저자 최영환

 # 받아쓰기에 대한 이해

1. 받아쓰기의 개념

문자를 가진 모든 나라는 받아쓰기와 유사한 형태의 지도 과정을 가지고 있습니다. 받아쓰기는 소리와 문자의 대응 관계를 파악하는 능력을 필요로 하기 때문입니다.

국립 국어연구원에서 발행한 표준국어대사전에 의하면 받아쓰기는 다음과 같은 개념을 갖습니다.

> 📖 받아-쓰기
> ❶ 남이 하는 말이나 읽는 글을 들으면서 그대로 옮겨 씀. 또는 그런 일 ≒서취(書取). 받아쓰기 시험 부르는 대로 따라 쓴다고 노력했으니 받아쓰기가 제대로 되었는지 모르겠다.
> ❷ 남의 글씨나 글씨체를 그대로 따라 글씨를 씀. 또는 그런 일. 서예의 기본은 받아쓰기 연습에 있다.
> ❸ 목소리나 악기 소리 또는 음악 따위를 듣고 그대로 악보에 옮겨 씀. 또는 그런 일. 그가 부르는 노래는 음정이 엉망이라서 받아쓰기가 쉽지 않다.

2. 받아쓰기의 두 과정

초등학교에서 주로 하는 받아쓰기는 표준국어대사전에 제시된 ❶의 개념입니다. 남이 하는 말이나 읽는 글의 소리를 귀로 들어서, 문자로 쓰는 과정이 받아쓰기입니다. 여기에서 두 가지 과정이 존재합니다.

첫째는 귀로 듣는 과정이고, 둘째는 글로 옮기는 과정입니다. 귀로 듣는 과정에서는 소리를 구별해서 들어야 합니다. 소리를 구별하지 못하면 잘 쓸 수 없습니다. 우리나라 사람들은 자음이 19개(ㄱ, ㄴ, ㄷ, ㄹ, ㅁ, ㅂ, ㅅ, ㅇ, ㅈ, ㅊ, ㅋ, ㅌ, ㅍ, ㅎ, ㄲ, ㄸ, ㅃ, ㅆ, ㅉ), 모음 21개(ㅏ, ㅐ, ㅑ, ㅒ, ㅓ, ㅔ, ㅕ, ㅖ, ㅗ, ㅘ, ㅙ, ㅚ, ㅛ, ㅜ, ㅝ, ㅞ, ㅟ, ㅠ, ㅡ, ㅢ, ㅣ)를 구별할 수 있습니다. 그래서 이 40개의 소리만 구별할 수 있으면 일단 받아쓰기를 위한 준비가 되었다고 할 수 있습니다.

받아쓰기와 관련하여, 한글 맞춤법 총칙 제1항에는 "한글 맞춤법은 표준어를 소리대로 적되, 어법에 맞도록 함을 원칙으로 한다."고 규정하고 있습니다.

여기에서 '표준어를 소리대로 적는다.'는 것은 표준어의 발음 형태대로 적는다는 뜻입니다. 발음대로 적으면 받아쓰기가 된다는 뜻으로, 40개의 소리만 구별하고, 그 소리에 따라 적기만 하면 됩니다.

그런데 조건으로 붙어 있는 '어법에 맞도록 함을 원칙으로 한다.'는 것이 문제입니다. 규정의 설명에는 '어법(語法)'이란 언어 조직의 법칙, 또는 언어 운용의 법칙이라고 풀이된다. 어법에 맞도록 한다는 것은, 결국 뜻을 파악하기 쉽도록 하기 위하여 각 형태소의 본 모양을 밝히어 적는다는 말이다.'라고 되어 있습니다. 이 말을 쉽게 풀이하면 소리대로 적지 말고 원래의 형태를 적어야 한다는 것입니다. 즉, 받아쓰기를 할 때 소리 나는 대로 적으면 안 되고, 원래의 형태를 생각해서 소리와는 다르게 적는 것이 있다는 뜻입니다. 여기에서 받아쓰기의 어려움이 발생합니다.

3. 받아쓰기의 지도 순서

현재 대부분의 초등학교에서 받아쓰기를 합니다. 매주 1회~2회 정도 받아쓰기를 하는데, 학교에서 미리 받아쓰기를 할 자료를 나누어 주고 공부를 하게 됩니다. 그런데, 이 자료는 일정한 받아쓰기 원리에 의해 만들어진 것이 아니라, 국어과를 중심으로 한 교재에서 어려운 낱말이나 문장을 골라 나열한 것입니다. 그렇지만 초등학교 교과서의 낱말이나 문장이 어려운 순서에 따라 사용된 것은 아니므로 이런 지도 순서는 일정한 원리가 없습니다. 그래서 매주 받아쓰기의 목표가 분명하지 않고, 받아쓰기 자료들 사이의 체계도 없습니다. 그래서 가르치는 사람과 배우는 사람 모두 학습의 초점이 무엇인지 알지 못합니다. 이런 방식으로 받아쓰기 능력이 향상된다고 하기도 어렵습니다.

이런 문제를 해결하기 위하여, 이 책에서는 받아쓰기를 소리와 문자의 대응 관계를 중심으로 체계화하여 제시하였습니다. 소리와 문자가 일치하는 것은 쉽고 일치하지 않는 것은 어렵고, 받침이 없는 것은 쉽고 받침이 있는 것은 어려우며, 받침이 뒤의 모음에 연결되어 발음되는 것(연음)은 쉽고 받침과는 다른 발음으로 나타나는 것(대표음)이나 자음이 서로 닮아 가는 것(자음동화) 등은 어렵습니다. 이 책은 철저하게 이 순서를 반영하여 학습의 난이도를 조절하고 체계적인 학습이 가능하도록 하였습니다.

4. 받아쓰기의 도달 목표

받아쓰기를 하는 까닭은 '남이 하는 말이나 읽는 글'을 옮겨 적기 위한 것이 아닙니다. 이것은 단순히 받아쓰기의 기초 목표일뿐입니다. 받아쓰기를 하는 최종 목표는 다른 사람의 말을 듣고 그것의 의미를 파악하는 능력을 기르는 것입니다. 즉, 받아쓰기를 잘 하면 다른 사람의 말소리를 듣고 그 의미를 더 잘 이해하게 됩니다. 학교에서 받아쓰기를 위해 나누어 준 자료에 포함된 낱말이나 문장만 암기해서는 이 목표에 도달할 수 없습니다. 현재의 받아쓰기는 부르는 것을 받아쓰는 것이 아니라, 외운 것을 기억해서 쓰는 것입니다. 따라서 이런 방식으로 공부한 사람은 새로운 낱말이나 문장을 부르면 제대로 받아쓰지 못합니다.

받아쓰기 능력이 있는 사람은 말소리와 문자의 대응 관계를 잘 알기 때문에, 한 번도 들어 본 적이 없는 낱말이나 문장이라도 그것이 무슨 낱말인지 어떤 문장인지 빠르고 정확하게 파악할 수 있습니다. 소리와 문자의 대응 관계를 파악하는 원리를 중심으로 받아쓰기 학습을 해야 하는 이유가 바로 여기에 있습니다.

이 책의 구성

이 책은 받아쓰기 능력을 길러 주기 위해 크게 두 가지 측면에서 접근하였습니다.

1. 원리 중심의 학습

이 책은 받아쓰기의 원리를 학습할 수 있는 체계적인 학습이 되도록 하기 위하여 총 4권 16장 40단계로 체계를 구성하였습니다. 1권은 소리와 문자가 일치하는 것만을 담았고, 2권~4권은 소리와 문자가 일치하지 않는 것을 담았습니다. 각 권은 4개의 장으로 구성되며, 각 장은 2~3개의 학습 목표 군으로 이루어졌습니다.

권	장	주제	단계	내용
1권	1장	받침이 없는 쉬운 음절	1단계	쉬운 모음과 자음이 있는 음절을 써요
			2단계	어려운 자음이 있는 음절을 써요
			3단계	헷갈리는 모음이 있는 음절을 써요
	2장	받침이 있는 쉬운 음절	4단계	받침 'ㅇ, ㄹ, ㅁ'이 있는 음절을 써요
			5단계	받침 'ㄱ, ㄴ, ㅂ'이 있는 음절을 써요
	3장	받침이 없는 어려운 음절	6단계	모음 'ㅝ, ㅟ'를 구별해요
			7단계	모음 'ㅐ, ㅔ, ㅢ'를 구별해요
			8단계	모음 'ㅚ, ㅙ, ㅞ'를 구별해요
	4장	받침이 있는 어려운 음절	9단계	받침과 어려운 모음이 있는 음절을 써요 1
			10단계	받침과 어려운 모음이 있는 음절을 써요 2
2권	1장	연음법칙 1	11단계	받침 'ㄹ, ㅁ'이 뒤로 넘어가요
			12단계	받침 'ㄱ, ㄴ, ㅂ'이 뒤로 넘어가요
			13단계	어려운 모음 아래 받침이 뒤로 넘어가요
	2장	연음법칙 2	14단계	받침 'ㅋ, ㄲ, ㅍ'이 뒤로 넘어가요
			15단계	받침 'ㄷ, ㅅ, ㅆ, ㅈ, ㅊ, ㅌ'이 뒤로 넘어가요
	3장	된소리되기 1	16단계	받침 'ㄱ, ㄷ, ㅂ' 때문에 된소리가 나요
			17단계	받침 'ㄴ, ㄹ, ㅁ, ㅇ' 때문에 된소리가 나요
			18단계	어려운 모음 아래 받침 때문에 된소리가 나요
	4장	된소리되기 2	19단계	'ㅋ, ㄲ, ㅍ' 때문에 된소리가 나요
			20단계	'ㅅ, ㅆ, ㅈ, ㅊ, ㅌ' 때문에 된소리가 나요
3권	1장	구개음화와 거센소리되기	21단계	'ㄷ'을 'ㅈ'으로 발음해요
			22단계	'ㅎ' 뒤에서 거센소리가 나요
			23단계	받침 때문에 'ㅎ'이 바뀌어요
	2장	음절의 끝소리	24단계	받침을 'ㅂ'과 'ㄱ'으로 발음해요
			25단계	받침을 'ㄷ'으로 발음해요
	3장	자음동화	26단계	'ㄱ, ㄲ, ㅋ'의 발음이 달라져요
			27단계	'ㄷ, ㅂ'의 발음이 달라져요
			28단계	'ㄴ, ㄹ'의 발음이 달라져요
	4장	틀리기 쉬운 것들	29단계	된소리로 쓰면 안 돼요
			30단계	소리는 같지만 글자가 달라요
4권	1장	사이시옷	31단계	뒷말의 첫소리가 된소리로 나요
			32단계	앞말에 'ㄴ' 소리가 덧나요
			33단계	앞말과 뒷말에 'ㄴ' 소리를 두 번 붙여요
	2장	겹받침 쓰기	34단계	받침이 두 개일 때 이렇게 발음해요 1
			35단계	받침이 두 개일 때 이렇게 발음해요 2
	3장	음운첨가	36단계	'ㄴ' 소리를 넣어서 발음해요
			37단계	'ㄹ' 소리를 넣어서 발음해요
			38단계	두 낱말 사이에 'ㄴ'이나 'ㄹ'을 넣어 발음해요
	4장	외워야 할 것들	39단계	외워서 써야 해요
			40단계	'이'나 '히'로 써요

🥕 각 장의 뒤에는 중간 평가를 두고, 2개 장씩 묶어 종합 평가를 통해 학습 내용을 정리할 수 있도록 하였습니다.

2. 자기 주도 학습 적용

받아쓰기는 학습자가 원리를 알고 적용할 수 있어야 합니다. 누군가가 불러 주는 것을 받아쓰는 것이라는 생각 때문에 받아쓰기는 혼자 학습할 수 없다고 생각하기도 하는데, 이 책은 이런 편견을 없앴습니다. 즉 학습자가 스스로 혼자 학습하고, 이를 교사나 학부모가 확인하기 위해 받아쓰기를 하도록 구성하였습니다. 이를 위해 크게 다음의 8개 요소를 일정한 순서에 따라 배열하였습니다.

출발
- **기초 연습**
  - 학습 방법 | 핵심 요소 파악, 준비 학습
  - 참여 주체 | 학습자
- **낱말 연습하기 ❶**
  - 학습 방법 | 핵심 요소 파악, 준비 학습
  - 참여 주체 | 학습자
- **낱말 연습하기 ❷**
  - 학습 방법 | 핵심 요소 파악, 준비 학습
  - 참여 주체 | 학습자
- **낱말 받아쓰기 ❶, ❷**
  - 학습 방법 | 핵심 요소 파악, 준비 학습
  - 참여 주체 | 학습자
- **어구와 문장 연습하기 ❶**
  - 학습 방법 | 핵심 요소 파악, 준비 학습
  - 참여 주체 | 학습자
- **어구와 문장 연습하기 ❷**
  - 학습 방법 | 핵심 요소 파악, 준비 학습
  - 참여 주체 | 학습자
- **어구와 문장 받아쓰기 ❶, ❷**
  - 학습 방법 | 핵심 요소 파악, 준비 학습
  - 참여 주체 | 학습자

이 책을 통해 학습자는 스스로 학습하면서 받아쓰기의 일정 단계에 필요한 원리를 알게 되고, 교사나 학부모와 함께 받아쓰기를 하면서 학습한 내용을 점검하고 재확인하게 됩니다. 또한 낱말을 중심으로 중점 학습 내용을 연습하고, 문장을 통해 그 결과를 적용하는 연습을 하게 됩니다.

이 책을 보는 방법

❶ 목표 확인

이 책은 받아쓰기를 40단계로 나누어서 차례로 공부합니다. 단계의 이름은 소리와 문자의 관계에 대한 설명이고, 목표는 그 중에서 초점으로 두어야 할 것에 대한 안내입니다. 목표를 늘 생각하면서 학습하면 학습 효과가 높고 학습 내용을 오래 기억할 수 있습니다.

❷ 준비 학습(연습하기)

받아쓰기를 하기 전에 미리 준비를 합니다. 운동을 하기 전에 적당한 준비 운동이 필요하듯이, 받아쓰기 전에 학습할 내용의 기초가 되는 것을 살펴봅니다. 몇 개의 글자에 집중하면 받아쓰기를 하는 데 도움이 됩니다.

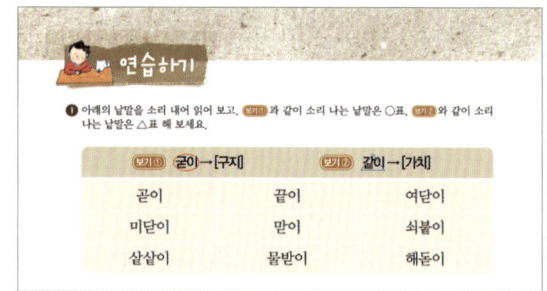

❸ 낱말 연습하기 1(1회)

★ **아이 스스로 공부하게 하십시오.**

받아쓰기는 낱말에서부터 시작해서 어구나 문장으로 확장합니다. 낱말도 그림을 통해 뜻을 알려 주고, 글자도 보여 주어, 아이가 글자를 보고 익히는 단계입니다.

❹ 낱말 연습하기 2(2회)

★ **아이 스스로 공부하게 하십시오.**

수수께끼처럼 만들어서 혼자서 재미있게 공부할 수 있습니다. 글자의 형태를 익힐 수 있도록 하는 단계이고, 틀리기 쉬운 것과 섞여 있어서 아이가 무엇을 어려워하는지 판단할 수 있는 자료가 됩니다.

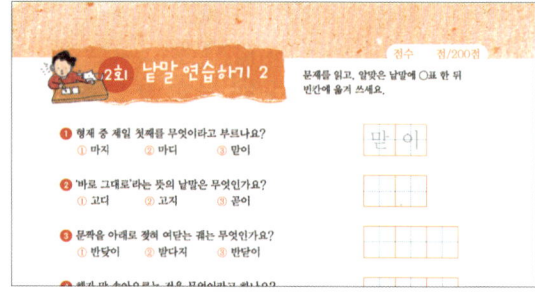

★**중간 평가 1, 2회** – 각 장이 끝날 때마다 그 장에서 배운 내용을 확인합니다.
★**종합 평가 1, 2회** – 2개의 장이 끝날 때마다 그 장에서 배운 내용을 확인합니다.

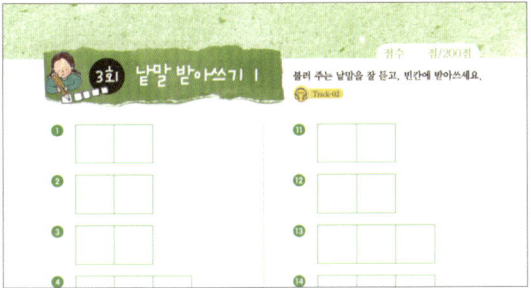

❺ 낱말 받아쓰기 1, 2(3회, 4회)

★ 선생님이나 부모님과 함께 공부하십시오.

받아쓰기는 불러 주는 말을 글자로 옮기는 것입니다. 학습할 목표가 반영된 낱말들만 골라서 불러 주게 하였습니다. 40개의 낱말이 있으므로 1~4회로 나누어 사용할 수 있습니다. 문제에 🎧이 있는 페이지는 길벗스쿨 홈페이지(www.gilbutschool.co.kr)에서 불러 주기용 MP3 파일이 제공됩니다. 부모님께서 직접 불러 주실 것을 권장하지만, 이용이 어려우실 경우 홈페이지에 있는 파일을 다운받아 사용해 주십시오.

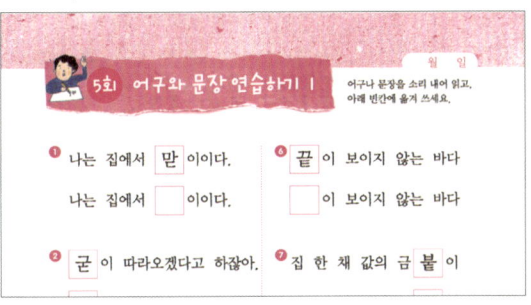

❻ 어구와 문장 연습하기 1(5회)

★ 아이 스스로 공부하게 하십시오.

낱말이 문장 속에 있을 때에도 틀리지 않고 받아쓸 수 있도록 연습하는 과정입니다. 두 개 이상의 낱말을 비교하면서 차이를 확인하도록 했으므로 정확하게 기억하는 데 도움이 됩니다.

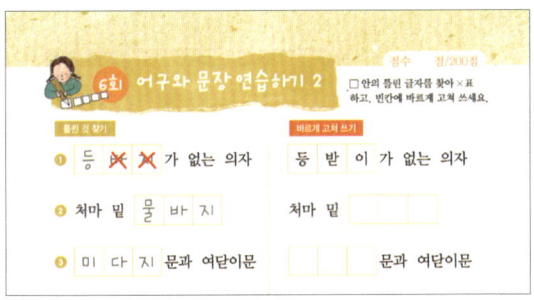

❼ 어구와 문장 연습하기 2(6회)

★ 아이 스스로 공부하게 하십시오.

잘못 쓴 글자를 보면서 고치도록 하는 과정입니다. 다른 사람이 틀리게 쓴 것을 고치면서 바른 형태를 알게 됩니다. 문장 받아쓰기를 위한 마지막 준비 과정이므로 열심히 해야 합니다.

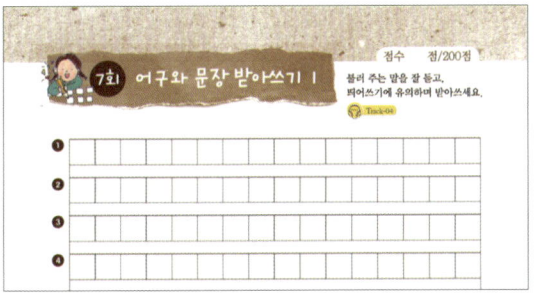

❽ 어구와 문장 받아쓰기 1, 2(7회, 8회)

★ 선생님이나 부모님과 함께 공부하십시오.

받아쓰기의 마지막 과정입니다. 어구와 문장 속의 낱말을 잘 받아쓸 수 있는지 확인합니다. 문제에 🎧이 있는 페이지는 길벗스쿨 홈페이지(www.gilbutschool.co.kr)에서 불러 주기용 MP3 파일이 제공됩니다. 부모님께서 직접 불러 주실 것을 권장하지만, 이용이 어려우실 경우 홈페이지에 있는 파일을 다운받아 사용해 주십시오.

★홈페이지에 제공된 불러 주기용 파일은 MBC 성우의 음성으로, 정확한 발음을 제공합니다.
★이 책에 실린 모든 낱말의 맞춤법과 띄어쓰기는 국립국어원의 표준국어대사전에 의거합니다.

# 차례

머리말	4
받아쓰기에 대한 이해	6
이 책의 구성	8
이 책을 보는 방법	10

1장 … 연음법칙 1

제 21단계 'ㄷ'을 'ㅈ'으로 발음해요 … 14

연습하기	15
1회 낱말 연습하기 1	16
2회 낱말 연습하기 2	17
3회 낱말 받아쓰기 1	18
4회 낱말 받아쓰기 2	19
5회 어구와 문장 연습하기 1	20
6회 어구와 문장 연습하기 2	21
7회 어구와 문장 받아쓰기 1	22
8회 어구와 문장 받아쓰기 2	23

제 22단계 'ㅎ' 뒤에서 거센소리가 나요 … 24

연습하기	25
1회 낱말 연습하기 1	26
2회 낱말 연습하기 2	27
3회 낱말 받아쓰기 1	28
4회 낱말 받아쓰기 2	29
5회 어구와 문장 연습하기 1	30
6회 어구와 문장 연습하기 2	31
7회 어구와 문장 받아쓰기 1	32
8회 어구와 문장 받아쓰기 2	33

제 23단계 받침 때문에 'ㅎ'이 바뀌어요 … 34

연습하기	35
1회 낱말 연습하기 1	36
2회 낱말 연습하기 2	37
3회 낱말 받아쓰기 1	38
4회 낱말 받아쓰기 2	39
5회 어구와 문장 연습하기 1	40
6회 어구와 문장 연습하기 2	41
7회 어구와 문장 받아쓰기 1	42
8회 어구와 문장 받아쓰기 2	43

★ 중간 평가 1회 … 44

2장 … 음절의 끝소리

제 24단계 받침을 'ㅂ'과 'ㄱ'으로 발음해요 … 48

연습하기	49
1회 낱말 연습하기 1	50
2회 낱말 연습하기 2	51
3회 낱말 받아쓰기 1	52
4회 낱말 받아쓰기 2	53
5회 어구와 문장 연습하기 1	54
6회 어구와 문장 연습하기 2	55
7회 어구와 문장 받아쓰기 1	56
8회 어구와 문장 받아쓰기 2	57

제 25단계 받침을 'ㄷ'으로 발음해요 … 58

연습하기	59
1회 낱말 연습하기 1	60
2회 낱말 연습하기 2	61
3회 낱말 받아쓰기 1	62
4회 낱말 받아쓰기 2	63
5회 어구와 문장 연습하기 1	64
6회 어구와 문장 연습하기 2	65
7회 어구와 문장 받아쓰기 1	66
8회 어구와 문장 받아쓰기 2	67

★ 종합 평가 1회   68

3장 ... 자음 동화

제 26단계 'ㄱ, ㄲ, ㅋ'의 발음이 달라져요   74

연습하기   75
1회 낱말 연습하기 1   76
2회 낱말 연습하기 2   77
3회 낱말 받아쓰기 1   78
4회 낱말 받아쓰기 2   79
5회 어구와 문장 연습하기 1   80
6회 어구와 문장 연습하기 2   81
7회 어구와 문장 받아쓰기 1   82
8회 어구와 문장 받아쓰기 2   83

제 27단계 'ㄷ, ㅂ'의 발음이 달라져요   84

연습하기   85
1회 낱말 연습하기 1   86
2회 낱말 연습하기 2   87
3회 낱말 받아쓰기 1   88
4회 낱말 받아쓰기 2   89
5회 어구와 문장 연습하기 1   90
6회 어구와 문장 연습하기 2   91
7회 어구와 문장 받아쓰기 1   92
8회 어구와 문장 받아쓰기 2   93

제 28단계 'ㄴ, ㄹ'의 발음이 달라져요   94

연습하기   95
1회 낱말 연습하기 1   96
2회 낱말 연습하기 2   97
3회 낱말 받아쓰기 1   98
4회 낱말 받아쓰기 2   99

5회 어구와 문장 연습하기 1   100
6회 어구와 문장 연습하기 2   101
7회 어구와 문장 받아쓰기 1   102
8회 어구와 문장 받아쓰기 2   103

★ 중간 평가 2회   104

4장 ... 틀리기 쉬운 것들

제 29단계 된소리로 쓰면 안 돼요   108

연습하기   109
1회 낱말 연습하기 1   110
2회 낱말 연습하기 2   111
3회 낱말 받아쓰기 1   112
4회 낱말 받아쓰기 2   113
5회 어구와 문장 연습하기 1   114
6회 어구와 문장 연습하기 2   115
7회 어구와 문장 받아쓰기 1   116
8회 어구와 문장 받아쓰기 2   117

제 30단계 소리는 같지만 글자가 달라요   118

연습하기   119
1회 낱말 연습하기 1   120
2회 낱말 연습하기 2   121
3회 낱말 받아쓰기 1   122
4회 낱말 받아쓰기 2   123
5회 어구와 문장 연습하기 1   124
6회 어구와 문장 연습하기 2   125
7회 어구와 문장 받아쓰기 1   126
8회 어구와 문장 받아쓰기 2   127

★ 종합 평가 2회   128

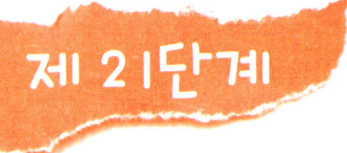

'ㄷ'을 'ㅈ'으로 발음해요

★이것을 공부해요★

앞 글자의 받침이 'ㄷ, ㅌ'이고 뒷글자의 첫소리가 'ㅣ'나 'ㅑ, ㅕ, ㅛ, ㅠ'면 'ㄷ, ㅌ'은 'ㅈ, ㅊ'으로 소리 나게 됩니다.

다음 대화를 읽어 보세요.

어떻게 읽었나요? '같이'는 [가티]가 아니라 [가치]로 읽습니다. 또 [가치]로 발음되더라도, 소리 나는 대로 적지 않고, '같이'라고 적습니다. 그렇게 적어야 읽는 사람이 그 뜻을 잘 알 수 있답니다.

★학습 목표★

- 앞 글자의 받침 'ㄷ, ㅌ'이 뒷글자의 첫소리가 'ㅣ, ㅑ, ㅕ, ㅛ, ㅠ'로 시작할 때 발음이 변하는 현상 알기
- 앞 글자의 받침 'ㄷ, ㅌ'이고 뒷글자의 첫소리가 모음 'ㅣ, ㅑ, ㅕ, ㅛ, ㅠ'로 시작할 때 'ㅈ, ㅊ'으로 변하는 현상 알기

연습하기

❶ 아래의 낱말을 소리 내어 읽어 보고, 보기①과 같이 소리 나는 낱말은 ○표, 보기②와 같이 소리 나는 낱말은 △표 해 보세요.

보기① 굳이→[구지]		보기② 같이→[가치]
곧이	끝이	여닫이
미닫이	맏이	쇠붙이
샅샅이	물받이	해돋이

❷ 다음 그림과 낱말을 보고, 소리 내어 읽은 후 빈칸에 옮겨 쓰세요.

 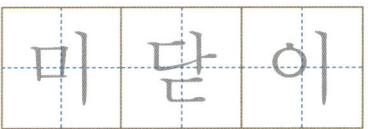

 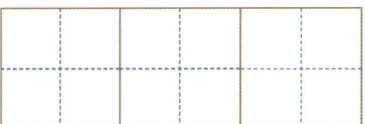

15

1회 낱말 연습하기 1

빈칸에 글자를 옮겨 쓰고, 소리 내어 읽어 보세요.

①  맏 이

②  곧 이

③  반 닫 이

④  해 돋 이

⑤  가 을 걷 이

⑥  같 이

⑦  끝 이

⑧  붙 이 다

⑨  낱 낱 이

⑩  샅 샅 이

16

2회 낱말 연습하기 2

점수   점/200점

문제를 읽고, 알맞은 낱말에 ○표 한 뒤 빈칸에 옮겨 쓰세요.

① 형제 중 제일 첫째를 무엇이라고 부르나요?
　① 마지　　② 마디　　③ 맏이

맏 이

② '바로 그대로'라는 뜻의 낱말은 무엇인가요?
　① 고디　　② 고지　　③ 곧이

③ 문짝을 아래로 젖혀 여닫는 궤는 무엇인가요?
　① 반닫이　② 받다지　③ 반닫이

④ 해가 막 솟아오르는 것을 무엇이라고 하나요?
　① 해돋이　② 해도지　③ 해돗이

⑤ 가을에 익은 곡식을 거두어들이는 것을 무엇이라고 하나요?
　① 가을걷이　② 가을겆이　③ 가을거지

⑥ '함께'와 뜻이 비슷한 말은 무엇인가요?
　① 가치　　② 같이　　③ 가티

⑦ 쇠로 된 도구를 세 글자로 무엇이라고 하나요?
　① 쇠부치　② 쇠부티　③ 쇠붙이

쇠

⑧ '봉투에 우표를 ○○○.'에 알맞은 말은 무엇인가요?
　① 붙이다　② 부치다　③ 붓치다

　　　다

⑨ '하나하나 빠짐없이 모두'를 뜻하는 말은 무엇인가요?
　① 낟나치　② 난나치　③ 낱낱이

⑩ '모조리'라는 뜻을 가진 낱말은 무엇인가요?
　① 산싸치　② 샅샅이　③ 삿사치

17

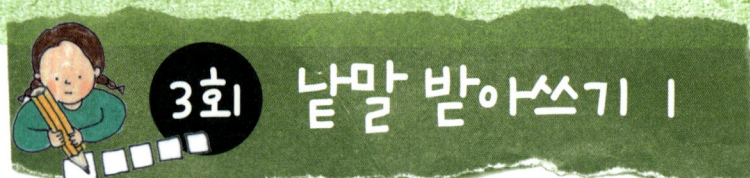 3회 낱말 받아쓰기 1

점수   점/200점

불러 주는 낱말을 잘 듣고, 빈칸에 받아쓰세요.

 Track-02 (불러 줄 내용은 책 뒤편에 분권 되는 학부모용 지침서 또는 홈페이지 참조)

1.
2.
3.
4.
5.
6.
7.
8.
9.
10.
11.
12.
13.
14.
15.
16.
17.
18.
19.
20.

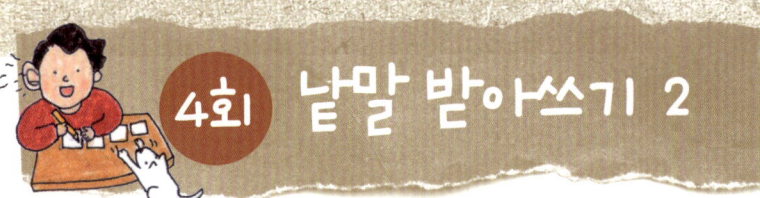

점수   점/200점

불러 주는 낱말을 잘 듣고, 빈칸에 받아쓰세요.

 Track-03

1.
2.
3.
4.
5.
6.
7.
8.
9.
10.
11.
12.
13.
14.
15.
16.
17.
18.
19.
20.

5회 어구와 문장 연습하기 1

월 일

어구나 문장을 소리 내어 읽고, 아래 빈칸에 옮겨 쓰세요.

❶ 나는 집에서 맏이이다.
나는 집에서 ☐이이다.

❷ 굳이 따라오겠다고 하잖아.
☐이 따라오겠다고 하잖아.

❸ 내가 곧이 들을 줄 아니?
내가 ☐이 들을 줄 아니?

❹ 장엄하고 화려한 해돋이
장엄하고 화려한 해☐이

❺ 가을 걷이가 끝난 들판에는
가을 ☐이가 끝난 들판에는

❻ 끝이 보이지 않는 바다
☐이 보이지 않는 바다

❼ 집 한 채 값의 금붙이
집 한 채 값의 금☐이

❽ 잘못을 낱낱이 고해바쳤다.
잘못을 낱☐이 고해바쳤다.

❾ 집 안을 샅샅이 뒤지다.
집 안을 샅☐이 뒤지다.

❿ 나를 감쪽같이 속였니?
나를 감쪽☐이 속였니?

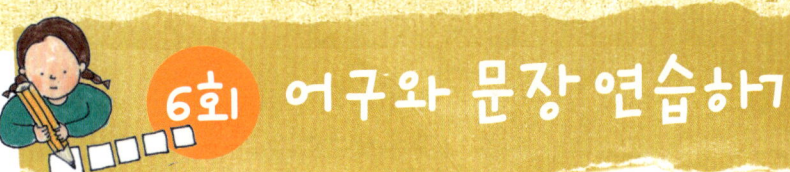

6회 어구와 문장 연습하기 2

점수   점/200점

□ 안의 틀린 글자를 찾아 ×표 하고, 빈칸에 바르게 고쳐 쓰세요.

틀린 것 찾기   **바르게 고쳐 쓰기**

① 등 ~~바~~ ~~치~~ 가 없는 의자   →   등 받 이 가 없는 의자

② 처마 밑 물 바 지   →   처마 밑 □ □ □

③ 미 다 지 문과 여닫이문   →   □ □ □ 문과 여닫이문

④ 할머니의 반 다 지 속에   →   할머니의 □ □ □ 속에

⑤ 고 지 곧 대 로 말해.   →   □ □ □ □ □ 말해.

⑥ 돌담에 햇발 ~~ㄱ~~ ~~치~~   →   돌담에 햇발 같 이

⑦ 소 부 치 를 달구어   →   □ □ □ 를 달구어

⑧ 난 나 치 감시해라.   →   □ □ □ 감시해라.

⑨ 신문을 살 싸 치 읽어도   →   신문을 □ □ □ 읽어도

⑩ 밉게 쏘 아 부 치 다.   →   밉게 □ □ □ □ □.

7회 어구와 문장 받아쓰기 1

점수   점/200점

불러 주는 말을 잘 듣고, 띄어쓰기에 유의하며 받아쓰세요.

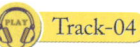 Track-04

8회 어구와 문장 받아쓰기 2

점수   점/200점

불러 주는 말을 잘 듣고, 띄어쓰기에 유의하며 받아쓰세요.

Track-05

제 22단계

'ㅎ' 뒤에서 거센소리가 나요

★이것을 공부해요★

앞 글자의 받침 'ㅎ' 뒤에 뒷글자의 첫소리 'ㄱ, ㄷ, ㅈ'이 결합되면 앞 글자의 받침은 발음 되지 않고 'ㅎ'의 성질이 뒷글자의 첫소리와 합쳐져 거센소리가 됩니다.
다음 대화를 읽어 보세요.

'놓고'는 [노코]로 읽습니다. 그러나 [노코]로 발음되더라도, 적을 때에는 '놓고'라고 적습니다. '놓고'는 [노코]로 소리 나지만 '놓다'에서 온 말이므로 '놓고'로 적어야 합니다. [노코]로 적으면 뜻을 알아차리기 어렵습니다.

★학습 목표★

- 앞 글자의 받침 'ㅎ'으로 인해 뒷글자의 'ㄱ, ㄷ, ㅈ'의 발음이 변하는 현상 알기
- 앞 글자의 받침 'ㅎ' + 뒷글자의 첫소리가 평음(ㄱ, ㄷ, ㅈ)일 때, 거센소리(ㅋ, ㅌ, ㅊ)로 발음하는 현상 알기

❶ 아래의 낱말을 소리 내어 읽어 보고, 보기①과 같이 소리 나는 낱말은 ○표, 보기②와 같이 소리 나는 낱말은 △표, 보기③과 같이 소리 나는 낱말은 □표 해 보세요.

보기① 놓고 → [노코]	보기② 놓던 → [노턴]	보기③ 놓지 → [노치]
벌겋게	까맣도록	그렇지만
동그랗던	닿다	펴놓고
좋던	어떻게	쌓지

❷ 다음 그림과 낱말을 보고, 소리 내어 읽은 후 빈칸에 옮겨 쓰세요.

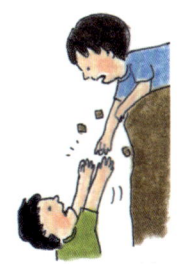 

25

1회 낱말 연습하기 1

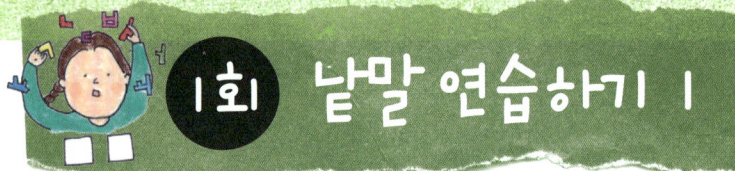

빈칸에 글자를 옮겨 쓰고, 소리 내어 읽어 보세요.

1. 넣고
2. 둥그렇게
3. 벌겋게
4. 사이좋게
5. 낳다
6. 닿다
7. 땋다
8. 놓지
9. 쌓지
10. 이렇지요

2회 낱말 연습하기 2

문제를 읽고, 알맞은 낱말에 ○표 한 뒤 빈칸에 옮겨 쓰세요.

점수   점/200점

1 일을 하다가 멈춘 상태를 뜻하는 말은 무엇인가요?
① 놓고   ② 노코   ③ 놓고

| 놓 | 고 |

2 가을이면 은행잎이 어떻게 물드나요?
① 노라케   ② 노란게   ③ 노랗게

3 '아무렴, ○○○ 말고!'에 알맞은 말은 무엇인가요?
① 그러코   ② 그렇고   ③ 그런고

| 그 | | |

4 '기분이 ○○.'에 들어갈, '즐겁다'는 말은 무엇인가요?
① 졷다   ② 좋다   ③ 조타

5 '닭이 알을 ○○.'에 알맞은 말은 무엇인가요?
① 낳다   ② 나타   ③ 낟다

6 '손이 천장에 ○○.'에 알맞은 말은 무엇인가요?
① 닫다   ② 닿다   ③ 다타

7 '아니다'의 반대되는 말은 무엇인가요?
① 그러타   ② 그런다   ③ 그렇다

| 그 | | |

8 '손을 ○○ 말고 꼭 잡아.'에 어울리는 말은 무엇인가요?
① 놓지   ② 노치

9 '하지만'과 뜻이 비슷한 이어 주는 말은 무엇인가요?
① 그렇지만   ② 그러치만

| 그 | | | |

10 '○○○○ 않게 웃으며'에 어울리는 말은 무엇인가요?
① 아무러치   ② 아무렇지

| 아 | | | |

3회 낱말 받아쓰기 1

점수   점/200점

불러 주는 낱말을 잘 듣고, 빈칸에 받아쓰세요.

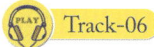 Track-06

4회 낱말 받아쓰기 2

점수   점/200점

불러 주는 낱말을 잘 듣고, 빈칸에 받아쓰세요.

Track-07

5회 어구와 문장 연습하기 1

어구나 문장을 소리 내어 읽고, 아래 빈칸에 옮겨 쓰세요.

월   일

1. 모두 일손을 놓고
   모두 일손을 □고

2. 요즈음 어떻게 지내니?
   요즈음 어□게 지내니?

3. 파랗게 돋아나는 새싹
   파□게 돋아나는 새싹

4. 곱다랗게 핀 장미
   곱다□게 핀 장미

5. 좋은 결과를 낳다.
   좋은 결과를 □다.

6. 겉모습이 이렇다고 해서
   겉모습이 이□다고 해서

7. 머리가 커다랗다.
   머리가 커다□다.

8. 연락이 닿지 않아서
   연락이 □지 않아서

9. 항상 그렇지 뭐.
   항상 그□지 뭐.

10. 아무렇지도 않은 다리
    아무□지도 않은 다리

6회 어구와 문장 연습하기 2

점수   점/200점

□ 안의 틀린 글자를 찾아 ×표 하고, 빈칸에 바르게 고쳐 쓰세요.

틀린 것 찾기 | **바르게 고쳐 쓰기**

① 무를 국에 ~~너~~ ~~코~~ | 무를 국에 넣 고

② 하 야 케 밤을 세우고 | ☐☐☐ 밤을 세우고

③ 손에 다 키 라 도 한 듯 | 손에 ☐☐☐☐ 한 듯

④ 옷을 아 무 러 케 나 | 옷을 ☐☐☐☐☐

⑤ 강에 그물을 노 타 . | 강에 그물을 ☐☐ .

⑥ 요새 군밤이 조 터 라 . | 요새 군밤이 ☐☐☐ .

⑦ 보름달이 둥 그 러 타 . | 보름달이 ☐☐☐☐ .

⑧ 설탕 너 치 마세요. | 설탕 ☐☐ 마세요.

⑨ 고추를 빠 치 말고 | 고추를 ☐☐ 말고

⑩ 나는 아 무 러 치 도 | 나는 ☐☐☐☐☐

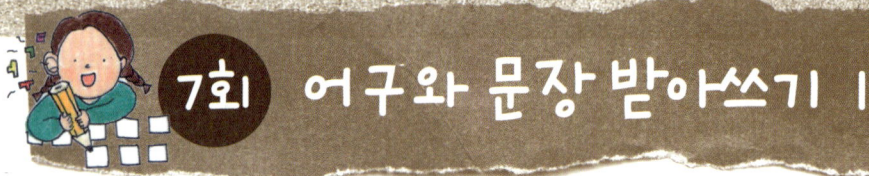

7회 어구와 문장 받아쓰기 1

점수   점/200점

불러 주는 말을 잘 듣고, 띄어쓰기에 유의하며 받아쓰세요.

 Track-08

8회 어구와 문장 받아쓰기 2

점수   점/200점

불러 주는 말을 잘 듣고, 띄어쓰기에 유의하며 받아쓰세요.

Track-09

제 23단계

받침 때문에 'ㅎ'이 바뀌어요

★이것을 공부해요★

　앞 글자의 받침 'ㄱ, ㄷ, ㅂ, ㅅ, ㅈ'의 뒤에 뒷글자의 첫소리 'ㅎ'이 결합되면 거센소리(ㅋ, ㅌ, ㅍ)가 나게 됩니다.
　'축하'는 [추카]로 읽습니다. 그러나 [추카]로 발음 되더라도, 적을 때에는 '축하'라고 적습니다. 왜냐하면 축하(祝賀)는 한자어인데, '祝'과 '賀'의 음이 각각 '추'가 아닌 '축', '카'가 아닌 '하'이기 때문입니다.

★학습 목표★

- 앞 글자의 받침 'ㄱ, ㄷ, ㅂ, ㅅ, ㅈ'이 뒷글자의 첫소리 'ㅎ'을 만나서 발음이 변하는 현상 알기
- 앞 글자의 받침 'ㄱ, ㄷ, ㅂ, ㅅ, ㅈ' + 뒷글자의 첫소리 'ㅎ'일 때, 거센소리(ㅋ, ㅌ, ㅍ)로 발음하는 현상 알기

연습하기

1 아래의 낱말을 소리 내어 읽어 보고, 보기① 과 같이 소리 나는 낱말은 ○표, 보기② 와 같이 소리 나는 낱말은 △표, 보기③ 과 같이 소리 나는 낱말은 □표, 보기④ 와 같이 소리 나는 낱말은 ⌓표, 보기⑤ 와 같이 소리 나는 낱말은 ◯표 해 보세요.

보기① 국화 → [구콰]	보기② 맏형 → [마텽]	보기③ 입학 → [이팍]
보기④ 잊히다 → [이치다]	보기⑤ 묻히다 → [무치다]	
식혜	굿하다	좁히다
축하	옷 한 벌	닫히다
정직하다	꽃 한 송이	꽂히다

2 다음 그림과 낱말을 보고, 소리 내어 읽은 후 빈칸에 옮겨 쓰세요.

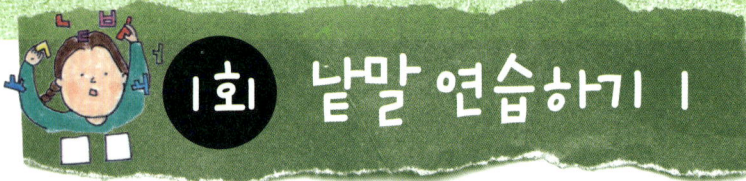 **1회 낱말 연습하기 1**

빈칸에 글자를 옮겨 쓰고, 소리 내어 읽어 보세요.

1.  축하
2.  식혜
3.  입학
4.  급하다
5.  잇히다
6.  맺히다
7.  닫히다
8.  묻히다
9.  낮 한 때
10.  꽃 한 송이

2회 낱말 연습하기 2

점수   점/200점

문제를 읽고, 알맞은 낱말에 ○표 한 뒤 빈칸에 옮겨 쓰세요.

❶ '인심이 ○○○.'에 알맞은 말은 무엇인가요?
① 박하다   ② 바카다

박 하 다

❷ 마음이 바르고 곧음을 뜻하는 말은 무엇인가요?
① 정지카다   ② 정직하다

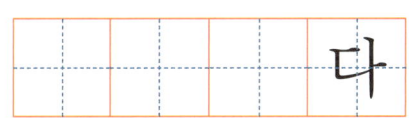
다

❸ 형제들 중 제일 큰형을 무엇이라고 하나요?
① 마텽   ② 맏형   ③ 맛형

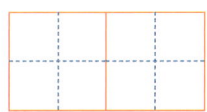

❹ 학교에 처음 들어오는 것을 무엇이라고 하나요?
① 이팍   ② 잎학   ③ 입학

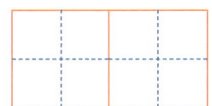

❺ '엄마가 아기에게 옷을 ○○○.'에 알맞은 말은 무엇인가요?
① 입히다   ② 이피다   ③ 잎히다

다

❻ '무당이 ○○○ 소리'에 알맞은 말은 무엇인가요?
① 굿하는   ② 구타는   ③ 굳하는

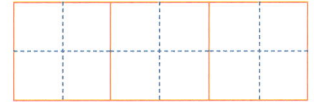

❼ 꽃잎에 이슬이 매달려 있는 모습을 표현한 말은 무엇인가요?
① 매치다   ② 맺히다   ③ 맷히다

다

❽ '책장에 ○○ 책'에 알맞은 말은 무엇인가요?
① 꽂힌   ② 꼬친   ③ 꼳힌

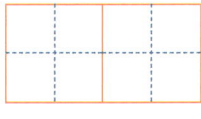

❾ '콩고물을 ○○ 떡'에 알맞은 말은 무엇인가요?
① 묻힌   ② 무친

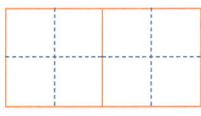

❿ '승용차에 ○○ 크게 다쳤다.'에 알맞은 말은 무엇인가요?
① 바쳐   ② 받혀   ③ 바처

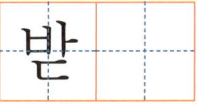
받

3회 낱말 받아쓰기 1

점수   점/200점

불러 주는 낱말을 잘 듣고, 빈칸에 받아쓰세요.

Track-10

1.
2.
3.
4.
5.
6.
7.
8.
9.
10.
11.
12.
13.
14.
15.
16.
17.
18.
19.
20.

4회 낱말 받아쓰기 2

점수　점/200점

불러 주는 낱말을 잘 듣고, 빈칸에 받아쓰세요.

 Track-11

① ☐☐☐☐　⑪ ☐☐
② ☐☐☐☐　⑫ ☐☐☐☐
③ ☐☐☐　⑬ ☐☐☐
④ ☐☐☐　⑭ ☐☐☐☐
⑤ ☐☐☐　⑮ ☐☐
⑥ ☐ ☐ ☐　⑯ ☐☐
⑦ ☐☐☐　⑰ ☐ ☐ ☐☐
⑧ ☐☐☐　⑱ ☐ ☐ ☐
⑨ ☐☐☐　⑲ ☐ ☐ ☐☐
⑩ ☐☐☐　⑳ ☐☐☐

39

5회 어구와 문장 연습하기 1

어구나 문장을 소리 내어 읽고, 아래 빈칸에 옮겨 쓰세요.

① 코스모스와 국[화]
코스모스와 국[ ]

② 생일 축[하]해요.
생일 축[ ]해요.

③ 달빛이 가득[한] 마당
달빛이 가득[ ] 마당

④ 듬직한 맏[형]
듬직한 맏[ ]

⑤ 마음이 뿌듯[하]다.
마음이 뿌듯[ ]다.

⑥ 꽃잎에 이슬이 맺[히]다.
꽃잎에 이슬이 맺[ ]다.

⑦ 고개를 뒤로 젖[히]다.
고개를 뒤로 젖[ ]다.

⑧ 장미꽃 [한] 송이
장미꽃 [ ] 송이

⑨ 마음을 굳[히]다.
마음을 굳[ ]다.

⑩ 옷에 흙을 묻[히]다.
옷에 흙을 묻[ ]다.

6회 어구와 문장 연습하기 2

점수 점/200점

□ 안의 틀린 글자를 찾아 ×표 하고, 빈칸에 바르게 고쳐 쓰세요.

틀린 것 찾기　　　　　　　　　　**바르게 고쳐 쓰기**

1. 병이 마개로 ~~마커~~ 있어.　　　병이 마개로 | 막 | 혀 | 있어.

2. | 어 | 두 | 칸 | 골목길　　　| | | | 골목길

3. 듬직한 ~~마령~~　　　듬직한 | | |

4. 초등학교에 | 이 | 팍 | 하다.　　　초등학교에 | | | 하다.

5. 한시가 | 그 | 파 | 다 .　　　한시가 | | | .

6. 발에 물집이 | 자 | 펴 | 서　　　발에 물집이 | | | |

7. 어느 여름 | 나 | 탄 | 때　　　어느 여름 | | |

8. 옥에 | 가 | 친 | 유관순　　　옥에 | | | 유관순

9. 장마가 | 거 | 친 | 뒤　　　장마가 | | | 뒤

10. 말문이 | 다 | 친 | 다 .　　　말문이 | | | .

7회 어구와 문장 받아쓰기 1

점수　　점/200점

불러 주는 말을 잘 듣고, 띄어쓰기에 유의하며 받아쓰세요.

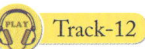 Track-12

8회 어구와 문장 받아쓰기 2

점수   점/200점

불러 주는 말을 잘 듣고,
띄어쓰기에 유의하며 받아쓰세요.

Track-13

중간 평가 1회

점수   점/200점

□ 안의 틀리게 쓴 낱말을 모두 찾아, 오른쪽 빈칸에 바르게 고쳐 쓰세요.

틀린 것 찾기 　　　　　　　　**바르게 고쳐 쓰기**

1. 고지곧대로 말한다.　　　　　　 ☐☐☐☐☐ 말한다.

2. 미다지 문과 여닫이문　　　　　 ☐☐☐ 문과 여닫이문

3. 돌담에 속삭이는 햇발 가치　　　 돌담에 속삭이는 햇발 ☐☐

4. 큰 소리로 쏘아 부치다.　　　　　큰 소리로 쏘아 ☐☐☐.

5. 강에 그물을 노타.　　　　　　　강에 그물을 ☐☐.

6. 요새 군밤이 조터라.　　　　　　요새 군밤이 ☐☐☐.

7. 보름달이 둥그러타.　　　　　　 보름달이 ☐☐☐☐.

8. 어두칸 골목길을 피하여　　　　 ☐☐☐ 골목길을 피하여

9. 손바닥에 물집이 자펴서 아프다.　손바닥에 물집이 ☐☐☐ 아프다.

10. 장마가 거친 뒤 맑은 하늘　　　장마가 ☐☐ 뒤 맑은 하늘

44

□ 안의 틀리게 쓴 낱말을 모두 찾아, 오른쪽 빈칸에 바르게 고쳐 쓰세요.

틀린 것 찾기　　　　　　　　　　　**바르게 고쳐 쓰기**

① 처마 밑에 달린 물바지　　　　처마 밑에 달린 □□□

② 쇠부치 를 달구어　　　　□□□ 를 달구어

③ 신문을 산싸치 읽었지만　　　신문을 □□ 읽었지만

④ 손에 다키라도 한 듯　　　　손에 □□□□ 한 듯

⑤ 하야케 밤을 지새우고　　　　□□ 밤을 지새우고

⑥ 옷을 아무러케나 벗고　　　　옷을 □□□□ 벗고

⑦ 듬직한 마텽 의 모습에　　　　듬직한 □□ 의 모습에

⑧ 어느 여름 나탄때　　　　어느 여름 □□

⑨ 초등학교에 이팍 하다.　　　초등학교에 □□ 하다.

⑩ 너무 놀라 말문이 다친다.　　너무 놀라 말문이 □□□.

중간 평가 1회

점수　　점/200점

불러 주는 말을 잘 듣고, 띄어쓰기에 유의하며 받아쓰세요. Track-14

불러 주는 말을 잘 듣고, 띄어쓰기에 유의하며 받아쓰세요. Track-15

받침을 'ㅂ'과 'ㄱ'으로 발음해요

★이것을 공부해요★

 '옆'은 [엽]으로 읽습니다. '옆'의 'ㅍ'이 'ㅂ'으로 바뀌어 소리 나기 때문입니다. 그러나 [엽]으로 발음 되더라도, 적을 때에는 '옆'이라고 적어야 합니다. 또 '밖'은 [박]으로 읽습니다. '밖'의 'ㄲ'은 'ㄱ'으로 바뀌어 소리 나지만, 적을 때에는 '밖'이라고 적어야 합니다.

★학습 목표★

- 받침 'ㅍ, ㄲ, ㅋ'이 말의 끝에서 어떻게 발음되는지 알기
- 받침 'ㅍ, ㄲ, ㅋ'이 말의 끝에서 'ㅂ, ㄱ'으로 발음되는 경우 알기

❶ 아래의 낱말을 소리 내어 읽어 보고, 보기① 과 같이 소리 나는 낱말은 ○표, 보기② 와 같이 소리 나는 낱말은 △표, 보기③ 과 같이 소리 나는 낱말은 □표 해 보세요.

보기① 숲→[숩]	보기② 밖→[박]	보기③ 부엌→[부억]
늪	꺾다	동녘
새벽녘	안팎	무릎
옆	닦다	키읔

❷ 다음 그림과 낱말을 보고, 소리 내어 읽은 후 빈칸에 옮겨 쓰세요.

49

1회 낱말 연습하기 1

빈칸에 글자를 옮겨 쓰고, 소리 내어 읽어 보세요.

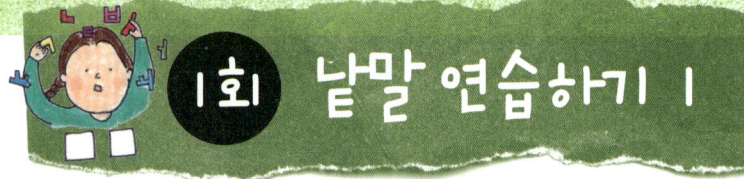

1. 숲
2. 잎
3. 짚
4. 무릎
5. 부엌

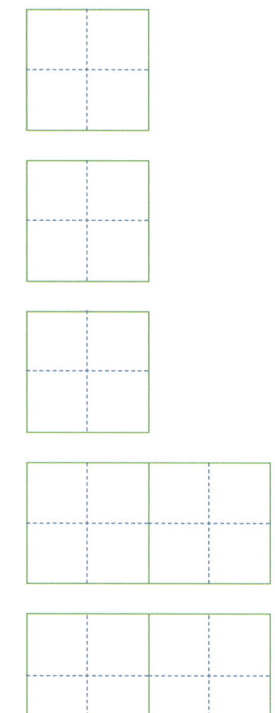

6. 헝겊
7. 닦다
8. 묶다
9. 쉬다
10. 꺾다

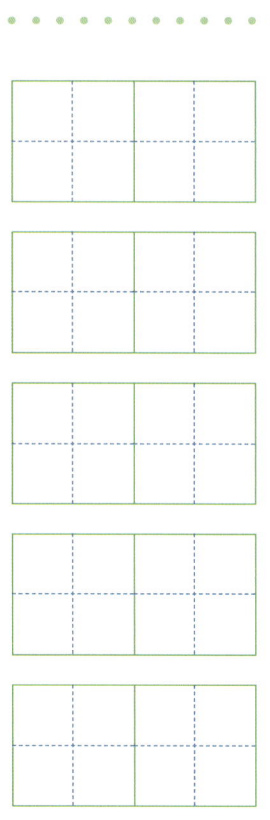

2회 낱말 연습하기 2

점수   점/200점

문제를 읽고, 알맞은 낱말에 ○표 한 뒤 빈칸에 옮겨 쓰세요.

1. '수풀'의 준말을 무엇이라고 하나요?
   ① 숲   ② 숩

   숲

2. '○○을 꿇었다.'에 알맞은 말은 무엇인가요?
   ① 무릎   ② 무릅

   무

3. 나뭇잎을 뜻하는 말은 무엇인가요?
   ① 입사귀 ② 잎사귀

   　　　귀

4. 밀알을 떨고 난 밀의 줄기를 무엇이라고 하나요?
   ① 밀집   ② 밀짚

   밀

5. 악어 떼가 주로 사는 곳은 어디인가요?
   ① 늪지대 ② 늡지대

6. 집 안에서 음식을 만드는 곳은 어디인가요?
   ① 부엌   ② 부억

   부

7. 한글 자음 중 'ㅍ[피읖]' 앞에는 무엇이 있나요?
   ① 키윽   ② 키읔

8. '머리를 ○○.'에 알맞은 말은 무엇인가요?
   ① 깎다   ② 깍다

9. '안과 밖'을 뜻하는 낱말은 어느 것인가요?
   ① 안팎   ② 안팍

10. '어려움을 ○○.'에 알맞은 말은 무엇인가요?
    ① 격다   ② 겪다

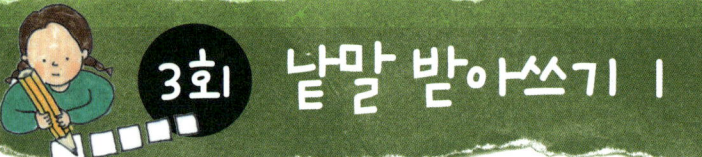

3회 낱말 받아쓰기 1

점수   점/200점

불러 주는 낱말을 잘 듣고, 빈칸에 받아쓰세요.

 Track-16

4회 낱말 받아쓰기 2

점수   점/200점

불러 주는 낱말을 잘 듣고, 빈칸에 받아쓰세요.

 Track-17

5회 어구와 문장 연습하기 1

어구나 문장을 소리 내어 읽고, 아래 빈칸에 옮겨 쓰세요.

① 학교 앞 신호등
　학교 ☐ 신호등

② 숲 속을 걸어요.
　☐ 속을 걸어요.

③ 어깨와 무릎
　어깨와 무☐

④ 거실 옆 부엌
　거실 ☐ 부☐

⑤ 깊은 늪 지대
　깊은 ☐ 지대

⑥ 길 섶 나그네
　길 ☐ 나그네

⑦ 안과 밖
　안과 ☐

⑧ 어려움을 겪다.
　어려움을 ☐다.

⑨ 사과를 깎다.
　사과를 ☐다.

⑩ 이를 닦다.
　이를 ☐다.

6회 어구와 문장 연습하기 2

점수   점/200점

□ 안의 틀린 글자를 찾아 ×표 하고, 빈칸에 바르게 고쳐 쓰세요.

틀린 것 찾기 / **바르게 고쳐 쓰기**

1. 떡갈나무 ~~잎~~ 사 귀 → 떡갈나무 □ 사 귀
2. 색색의 헝 겁 조각 → 색색의 □□ 조각
3. 부 억 창문 → 부 □ 창문
4. 동 녁 하늘에 → □□ 하늘에
5. 북 녁 땅을 바라보며 → □□ 땅을 바라보며
6. 새 병 녁 부터 비가 오네. → □□□ 부터 비가 오네.
7. 치읓 다음에는 키 으 → 치읓 다음에는 □□
8. 신발 끈을 묵 다. → 신발 끈을 □□.
9. 깨를 복 다. → 깨를 □□.
10. 10시 안 팍 에 도착하다. → 10시 □□ 에 도착하다.

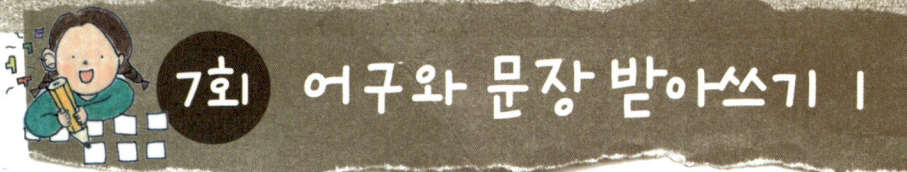

점수   점/200점

불러 주는 말을 잘 듣고, 띄어쓰기에 유의하며 받아쓰세요.

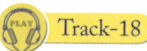 Track-18

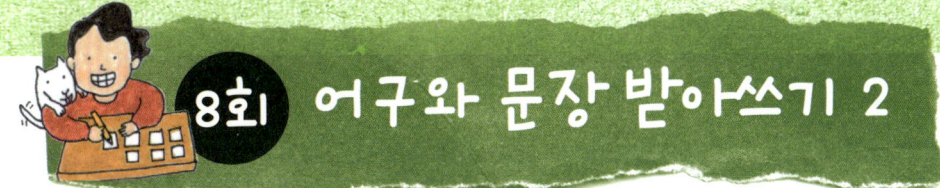

점수   점/200점

불러 주는 말을 잘 듣고, 띄어쓰기에 유의하며 받아쓰세요.

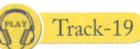
Track-19

1.
2.
3.
4.
5.
6.
7.
8.
9.
10.
11.
12.

제 25단계

받침을 'ㄷ'으로 발음해요

★이것을 공부해요★

　'그릇'의 '릇'은 [륻]으로 읽습니다. '릇'의 'ㅅ'이 'ㄷ'으로 바뀌어 소리 나기 때문입니다. 그러나 [륻]으로 발음되더라도, 적을 때에는 '릇'이라고 적어야 합니다. 또 '팥'은 [판]으로 읽습니다. '팥'의 'ㅌ'은 'ㄷ'으로 바뀌어 소리 나지만, 적을 때에는 '팥'이라고 적어야 합니다.

★학습 목표★

- 받침 'ㄷ, ㅅ, ㅆ, ㅈ, ㅊ, ㅌ'이 말의 끝에서 어떻게 발음 되는지 알기
- 받침 'ㄷ, ㅅ, ㅆ, ㅈ, ㅊ, ㅌ'이 'ㄷ'으로 발음 되는 경우 알기

 연습하기

❶ 아래의 낱말을 소리 내어 읽어 보고, 보기①과 같이 소리 나는 낱말은 ○표, 보기②와 같이 소리 나는 낱말은 △표, 보기③과 같이 소리 나는 낱말은 □표, 보기④와 같이 소리 나는 낱말은 □표, 보기⑤와 같이 소리 나는 낱말은 ▽표 해 보세요.

보기① 그릇→[그륻]	보기② 떴다→[떧다]	보기③ 밤낮→[밤낟]
보기④ 윷→[윧]	보기⑤ 팥빵→[팓 빵]	

됐다	다섯	곶감	봄볕	달빛
무엇	멨다	들꽃	낮다	밥솥
송곳	빚다	탔다	살갗	갈대밭

❷ 다음 그림과 낱말을 보고, 소리 내어 읽은 후 빈칸에 옮겨 쓰세요.

 　 그 릇 　 　

 　 밤 낮 　 　

 　 윷

1회 낱말 연습하기 1

빈칸에 글자를 옮겨 쓰고, 소리 내어 읽어 보세요.

1. 다 섯
2. 무 엇
3. 송 곳
4. 곶 감
5. 대 낮

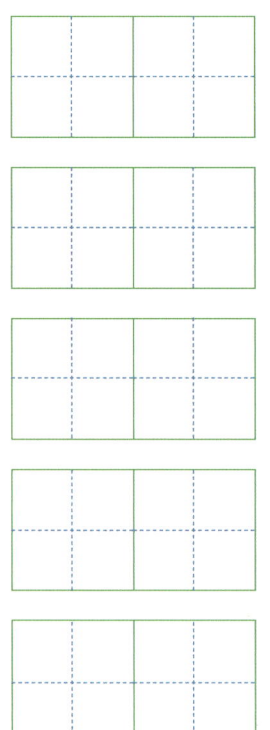

6. 빗 다
7. 닫 다
8. 받 다
9. 닻
10. 가 마 솥

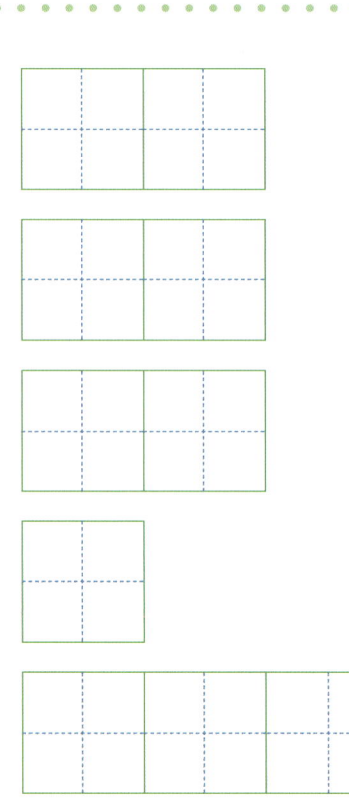

점수   점/200점

문제를 읽고, 알맞은 낱말에 ○표 한 뒤 빈칸에 옮겨 쓰세요.

1. 지난날, 어른이 된 남자가 머리에 쓰던 것은 무엇인가요?
   ① 갓   ② 갇

   갓

2. 글씨를 쓰거나 그림을 그리는 도구는 무엇인가요?
   ① 붇   ② 붓

3. '있는 힘을 다하여'를 뜻하는 말은 무엇인가요?
   ① 힘껏   ② 힘껀

4. '○ 먹던 힘을 다하여'에 어울리는 말은 무엇인가요?
   ① 젓   ② 젖   ③ 젇

5. '호랑이와 ○○.'에 어울리는 말은 무엇인가요?
   ① 곧감   ② 꼳감   ③ 곶감

6. '옳다'는 뜻의 다른 말은 무엇인가요?
   ① 맛다   ② 맞다   ③ 맏다

7. '○같이 예쁜 내 얼굴'에 어울리는 말은 무엇인가요?
   ① 꽃   ② 꼳   ③ 꼿

8. '어색하고 서먹서먹하다.'는 뜻의 다른 말은 무엇인가요?
   ① 낟설다   ② 낫설다   ③ 낯설다

9. '안'의 반대되는 말은 무엇인가요?
   ① 바깥   ② 바깐   ③ 바깟

10. '○○도 못 따라간다.'에 알맞은 말은 무엇인가요?
    ① 발끈   ② 발끝   ③ 발끗

3회 낱말 받아쓰기 1

점수   점/200점

불러 주는 낱말을 잘 듣고, 빈칸에 받아쓰세요.

Track-20

4회 낱말 받아쓰기 2

점수   점/200점

불러 주는 낱말을 잘 듣고, 빈칸에 받아쓰세요.

Track-21

1.
2.
3.
4.
5.
6.
7.
8.
9.
10.
11.
12.
13.
14.
15.
16.
17.
18.
19.
20.

5회 어구와 문장 연습하기 1

어구나 문장을 소리 내어 읽고, 아래 빈칸에 옮겨 쓰세요.

① 다 섯 더하기 여 섯
   다 □ 더하기 여 □

② 방 긋 웃으며 바라보다.
   방 □ 웃으며 바라보다.

③ 학교에서 발표회를 갖 다.
   학교에서 발표회를 □ 다.

④ 온 갖 정성을 기울여
   온 □ 정성을 기울여

⑤ 길을 따라서 곧 바로 가면
   길을 따라서 □ 바로 가면

⑥ 생일 선물을 받 았 다.
   생일 선물을 □ □ 다.

⑦ 감을 실은 돛 단배가 보 였 다.
   감을 실은 □ 단배가 보 □ 다.

⑧ 겉 다르고 속 다르다.
   □ 다르고 속 다르다.

⑨ 밀 밭 만 지나가도 취한다.
   밀 □ 만 지나가도 취한다.

⑩ 한 낱 휴지 조각에 불과한
   한 □ 휴지 조각에 불과한

6회 어구와 문장 연습하기 2

점수   점/200점

□ 안의 틀린 글자를 찾아 ×표 하고, 빈칸에 바르게 고쳐 쓰세요.

틀린 것 찾기 | **바르게 고쳐 쓰기**

① 낮(×) 놓고 기역 자도 모른다. → 낫 놓고 기역 자도 모른다.

② 맏 좋고 신선한 갈치 자반 → □ 좋고 신선한 갈치 자반

③ 땅콩, 호두, 잗 → 땅콩, 호두, □

④ 숟가락과 젇가락 → 숟가락과 □□□

⑤ 마음껃 놀 수 읻게 → □□□ 놀 수 □게

⑥ 낟 이나 밤이나 건강하게 → □ 이나 밤이나 건강하게

⑦ 찹쌀로 떡을 비젇다. → 찹쌀로 떡을 □□.

⑧ 아빠랑 나랑 만든 꼳빵 → 아빠랑 나랑 만든 □□

⑨ 가마솓 앞에 앉아 → □□□ 앞에 앉아

⑩ 팓 심은 데 팓 난다. → □ 심은 데 □ 난다.

7회 어구와 문장 받아쓰기 1

점수   점/200점

불러 주는 말을 잘 듣고, 띄어쓰기에 유의하며 받아쓰세요.

8회 어구와 문장 받아쓰기 2

점수   점/200점

불러 주는 말을 잘 듣고, 띄어쓰기에 유의하며 받아쓰세요.

종합 평가 1회

점수   점/200점

□ 안의 틀리게 쓴 낱말을 모두 찾아, 오른쪽 빈칸에 바르게 고쳐 쓰세요.

틀린 것 찾기	바르게 고쳐 쓰기
❶ 신발 끈을 묵따.	신발 끈을 ☐☐.
❷ 깨를 복따.	깨를 ☐☐.
❸ 10시 안팍으로 도착해.	10시 ☐☐으로 도착해.
❹ 부억 창문 너머로	☐☐ 창문 너머로
❺ 새병녁부터 비가 오네.	☐☐☐부터 비가 오네.
❻ 낟 놓고 기역 자도 모른다.	☐ 놓고 기역 자도 모른다.
❼ 땅콩, 호두, 잗, 대추	땅콩, 호두, ☐, 대추
❽ 마음껃 뛰고 놀 수 있게	마음☐ 뛰고 놀 수 있게
❾ 낟이나 밤이나	☐이나 밤이나
❿ 팓 심은 데 팓 난다.	☐ 심은 데 ☐ 난다.

점수   점/200점

불러 주는 말을 잘 듣고, 띄어쓰기에 유의하며 받아쓰세요. Track-24

69

종합 평가 1회

불러 주는 말을 잘 듣고, 띄어쓰기에 유의하며 받아쓰세요. Track-25

불러 주는 말을 잘 듣고, 띄어쓰기에 유의하며 받아쓰세요. Track-26

종합 평가 1회

불러 주는 말을 잘 듣고, 띄어쓰기에 유의하며 받아쓰세요. Track-27

더 연습하기

틀린 글자나 문장을 연습해요.

제 26단계

받침 'ㄱ, ㄲ, ㅋ'의 발음이 달라져요

★이것을 공부해요★

　위 그림의 아이는 '국물'이라고 쓴 낱말을 읽을 때에는 왜 [궁물]이라고 발음하는지 궁금해하고 있어요. 앞 글자의 받침이 'ㄱ, ㄲ, ㅋ'으로 끝나고, 뒤에 'ㄴ, ㄹ, ㅁ'으로 시작되는 낱말이 오면 발음할 때 두 소리가 서로 비슷하게 닮게 되어서랍니다.

★학습 목표★

　'앞 글자의 받침(ㄱ, ㄲ, ㅋ) + 뒷글자의 첫소리(ㄴ, ㄹ, ㅁ)'일 때 나타나는 소리 변화 살펴보기
- 앞 글자의 받침 'ㄱ, ㄲ, ㅋ' 뒤에 뒷글자의 첫소리 'ㄴ, ㅁ'이 올 때, 소리가 닮아 가는 현상 알기
- 앞 글자의 받침 'ㄱ, ㄲ, ㅋ' 뒤에 뒷글자의 첫소리 'ㄹ'이 올 때, 소리가 닮아 가는 현상 알기

# 연습하기

❶ 낱말을 소리 내어 읽어 보고, 보기 처럼 앞 글자 받침의 발음이 달라지는 낱말을 찾아 ○표 하세요.

보기 막내	막차
속력	악마	악몽
국토	속눈썹	국물
독립	부엌칼	막걸리
식물	식빵	부엌일

❷ 다음 그림과 낱말을 보고, 소리 내어 읽은 후 빈칸에 옮겨 쓰세요.

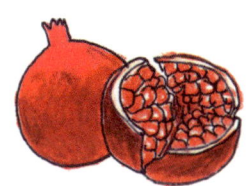 

석 류

묶 는 다

부 엌 문

 **1회 낱말 연습하기 1**

빈칸에 글자를 옮겨 쓰고, 소리 내어 읽어 보세요.

1.  식물
2.  목마
3.  먹물
4. 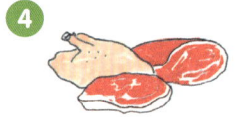 육류
5. 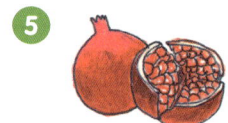 석류

6.  부엌문
7.  속눈썹
8.  먹는다
9.  묶는다
10.  꺾는다

76

2회 낱말 연습하기 2

점수   점/200점

문제를 읽고, 알맞은 낱말에 ○표 한 뒤 빈칸에 옮겨 쓰세요.

❶ 형제 중에서 가장 마지막으로 태어난 사람은 누구인가요?
　① 막내　　② 망내　　③ 망래

❷ '신사'의 반대되는 말을 무엇이라고 하나요?
　① 숭녀　　② 숙녀　　③ 승려

　숙 녀

❸ 봄에 피는 잎이 크고 하얀 꽃을 무엇이라고 부르나요?
　① 목련　　② 몽련　　③ 몽년

❹ 다른 사람을 힘으로 거칠게 대하는 행동은 무엇인가요?
　① 퐁녁　　② 폭력　　③ 퐁력

❺ '천사'의 반대되는 말은 무엇인가요?
　① 악마　　② 앙마

　　마

❻ 쌀, 보리, 콩, 수수 등을 모두 가리키는 말은 무엇인가요?
　① 곡물　　② 공물

❼ 나무 심는 날을 부르는 이름은 무엇인가요?
　① 싱목일　　② 싱모길　　③ 식목일

　　　일

❽ 부엌에 드나들 때 사용하는 문을 무엇이라고 부르나요?
　① 부엉문　　② 부억문　　③ 부엌문

　부

❾ 강가에서 물고기를 잡는 행동을 무엇이라고 하나요?
　① 낭는다　　② 낚는다

❿ 김이나 연기가 피어오르는 모양을 흉내낸 말은 무엇인가요?
　① 모랑모락　　② 모락모락

 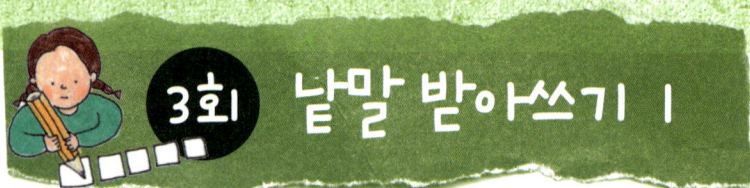 점수 점/200점

불러 주는 낱말을 잘 듣고, 빈칸에 받아쓰세요.

1.
2.
3.
4.
5.
6.
7.
8.
9.
10.
11.
12.
13.
14.
15.
16.
17.
18.
19.
20.

4회 낱말 받아쓰기 2

점수　점/200점

불러 주는 낱말을 잘 듣고, 빈칸에 받아쓰세요.

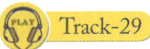 Track-29

1.
2.
3.
4.
5.
6.
7.
8.
9.
10.
11.
12.
13.
14.
15.
16.
17.
18.
19.
20.

5회 어구와 문장 연습하기 1

어구나 문장을 소리 내어 읽고, 아래 빈칸에 옮겨 쓰세요.

① 작년과 올해, 내년
　　과 올해, 내년

② 국립 공원 다녀오기
　　공원 다녀오기

③ 겨울 식량을 준비해요.
　겨울 　　을 준비해요.

④ 시간이 넉넉하다.
　시간이 　　하다.

⑤ 욕먹을 말을 하다.
　　을 말을 하다.

⑥ 숙모는 나를 사랑해.
　　는 나를 사랑해.

⑦ 부엌문을 닫으세요.
　　　을 닫으세요.

⑧ 봉지를 묶는 끈
　봉지를 　　 끈

⑨ 물고기를 낚는 방법
　물고기를 　　 방법

⑩ 무럭무럭 자라서
　　　　자라서

6회 어구와 문장 연습하기 2

점수   점/200점

□ 안의 틀린 글자를 찾아 ×표 하고, 빈칸에 바르게 고쳐 쓰세요.

틀린 것 찾기　　　　　　　　　**바르게 고쳐 쓰기**

1. 대한민국 ~~꽁~~ 민　　　　　대한민국 ☐ 민

2. 김이 모 ~~랑~~ 모 락　　　　김이 ☐☐☐☐

3. 눙 눅 한 바람　　　　　　☐☐ 한 바람

4. 충 농 증 에 걸려서　　　　☐☐☐ 에 걸려서

5. 송 마 음 을 감추다.　　　　☐☐☐ 을 감추다.

6. 꽃 방 남 회 에 다녀오다.　　꽃 ☐☐☐ 에 다녀오다.

7. 꽃을 껑 는 어린이　　　　　꽃을 ☐☐ 어린이

8. 머리 뭉 는 끈　　　　　　　머리 ☐☐ 끈

9. 깨를 봉 는 고소한 냄새　　　깨를 ☐☐ 고소한 냄새

10. 바닥을 당 는 다.　　　　　바닥을 ☐☐☐ .

7회 어구와 문장 받아쓰기 1

점수   점/200점

불러 주는 말을 잘 듣고,
띄어쓰기에 유의하며 받아쓰세요.

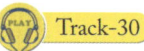 Track-30

8회 어구와 문장 받아쓰기 2

점수   점/200점

불러 주는 말을 잘 듣고, 띄어쓰기에 유의하며 받아쓰세요.

 Track-31

제 27단계

받침 'ㄷ, ㅂ'의 발음이 달라져요

★이것을 공부해요★

　승준이는 '묻는'을 소리 나는 대로 써서 틀렸네요. 왜 이렇게 썼을까요?
　'묻는'과 같이 앞 글자의 받침이 'ㄷ(ㅅ, ㅆ, ㅈ, ㅊ, ㅌ), ㅂ(ㅍ)'으로 끝나고 그 뒤에 'ㄴ, ㄹ, ㅁ'으로 시작되는 낱말이 오면 발음할 때 두 소리가 서로 비슷하게 닮아 갑니다. 그래서 '묻는'이 [문는]으로 소리가 나지요.

★학습 목표★

'앞 글자의 받침(ㄷ, ㅂ) + 뒷글자의 첫소리(ㄴ, ㄹ, ㅁ)'일 때 나타나는 소리 변화 살펴보기
- 앞 글자의 받침 'ㄷ(ㅅ, ㅆ, ㅈ, ㅊ, ㅌ)' 뒤에 뒷글자 첫소리 'ㄴ, ㄹ, ㅁ'이 올 때, 소리가 닮아 가는 현상 알기
- 앞 글자의 받침 'ㅂ(ㅍ)' 뒤에 뒷글자 첫소리 'ㄴ, ㄹ, ㅁ'이 올 때, 소리가 닮아 가는 현상 알기

연습하기

❶ 보기 와 같이 닮은 소리로 변하는 낱말을 골라 ○표 하세요.

보기 믿는[민는], 믿고[믿꼬]	밥맛[밤맏], 밥상[밥쌍]
빗소리, 빗물	잎맥, 잎사귀
솟는, 솟음	밥상, 밥맛
빛나는, 빛깔	앞문, 앞산
낱말, 낱개	답장, 답문

❷ 다음 그림과 낱말을 보고, 소리 내어 읽은 후 빈칸에 옮겨 쓰세요.

   낱말

   콧물

   십 만 원

1회 낱말 연습하기 1

빈칸에 글자를 옮겨 쓰고, 소리 내어 읽어 보세요.

1.  덧니
2.  싣는
3.  낱말
4.  짖는
5.  톱날

6.  윷놀이
7.  압력솥
8.  앞머리
9.  빗나가다
10.  앞못보다

2회 낱말 연습하기 2

점수   점/200점

문제를 읽고, 알맞은 낱말에 ○표 한 뒤 빈칸에 옮겨 쓰세요.

1. 그 해 처음 오는 눈을 무엇이라고 하나요?
   ① 천눈   ② 첫눈   ③ 첟눈

2. 감기에 걸려 코에서 흐르는 액체는 무엇인가요?
   ① 콧물   ② 콤물   ③ 콘물

3. 자라서 꽃이 될 눈을 무엇이라고 하나요?
   ① 꼰눈   ② 꼿눈   ③ 꽃눈

4. 밥에서 나는 맛을 무엇이라고 하나요?
   ① 밤맛   ② 밥맛   ③ 반맛

5. 뒷문의 반대말은 무엇인가요?
   ① 압문   ② 앞문   ③ 암문

6. 일 년이 열 번 지나가면 몇 년이 되나요?
   ① 심 년   ② 십 년

7. 어리석은 사람을 가리키는 말은 무엇인가요?
   ① 못난이   ② 몯난이   ③ 몬난이

8. 사회에서 약속한 꼭 지켜야 하는 규범은 무엇인가요?
   ① 범뉼   ② 법눌   ③ 법률

9. 속눈썹의 반대말은 무엇인가요?
   ① 걷눈썹   ② 겉눈썹   ③ 건눈썹

10. 큰아들에게 시집온 며느리를 가리키는 말은 무엇인가요?
    ① 만며느리   ② 맏며느리   ③ 맏며느리

87

3회 낱말 받아쓰기 1

점수   점/200점

불러 주는 낱말을 잘 듣고, 빈칸에 받아쓰세요.

Track-32

①
②
③
④
⑤
⑥
⑦
⑧
⑨
⑩

⑪
⑫
⑬
⑭
⑮
⑯
⑰
⑱
⑲
⑳

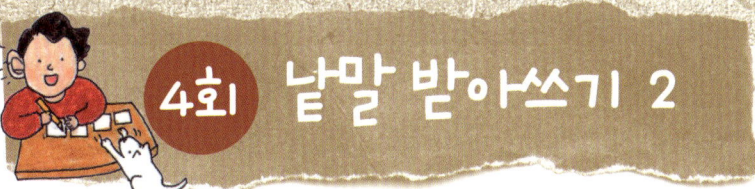

점수   점/200점

불러 주는 낱말을 잘 듣고, 빈칸에 받아쓰세요.

 Track-33

5회 어구와 문장 연습하기 1

어구나 문장을 소리 내어 읽고, 아래 빈칸에 옮겨 쓰세요.

① 빗물을 모아서
　　　을 모아서

② 새빨간 거짓말이야.
　새빨간 　　　이야.

③ 별이 빛나는 밤에
　별이 　　　밤에

④ 운동하고 있는 소년
　운동하고 　　소년

⑤ 사뿐사뿐 걷는 아기
　사뿐사뿐 　　아기

⑥ 겉멋을 부리다.
　　　을 부리다.

⑦ 새 옷 입는 날
　새 옷 　　날

⑧ 앞문을 열고
　　　을 열고

⑨ 서로서로 협력하여
　서로서로 　　하여

⑩ 십 년 동안 찾는 형
　　　　동안 　　형

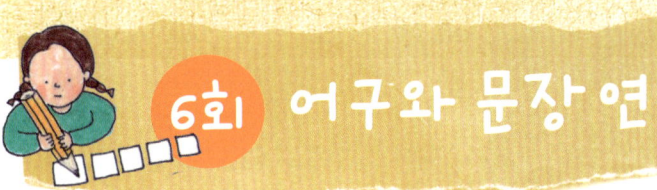

점수   점/200점

□ 안의 틀린 글자를 찾아 ×표 하고, 빈칸에 바르게 고쳐 쓰세요.

틀린 것 찾기 **바르게 고쳐 쓰기**

1. 콤(×)물이 줄줄 흘러 → 콧 물이 줄줄 흘러
2. 멀리서 개 쩟(×) 는 소리 → 멀리서 개 □□ 소리
3. 장미꽃의 꼿말은 사랑 → 장미꽃의 □□은 사랑
4. 내가 가장 민는 사람 → 내가 가장 □□ 사람
5. 남말 뜻 알아맞히기 → □□ 뜻 알아맞히기
6. 받은 은혜를 감는 순간 → 받은 은혜를 □□ 순간
7. 글의 천머리 → 글의 □□□
8. 암머리를 자르고 → □□□를 자르고
9. 끈마무리를 잘하자. → □□□□를 잘하자.
10. 톰니바퀴 도는 소리 → □□□□ 도는 소리

91

7회 어구와 문장 받아쓰기 1

점수   점/200점

불러 주는 말을 잘 듣고,
띄어쓰기에 유의하며 받아쓰세요.

 Track-34

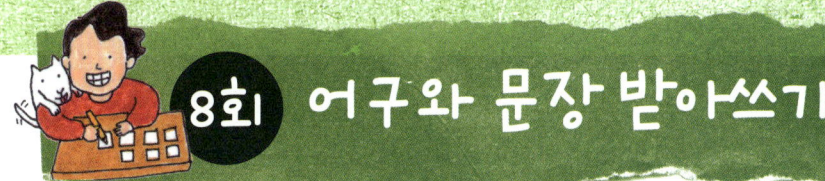

점수   점/200점

불러 주는 말을 잘 듣고, 띄어쓰기에 유의하며 받아쓰세요.

1.
2.
3.
4.
5.
6.
7.
8.
9.
10.
11.
12.

제 28단계

받침 'ㄴ, ㄹ'의 발음이 달라져요

★이것을 공부해요★

위 그림의 아이는 '달님'에게 소원을 빌고 있어요. 그런데 달님을 [달림]이라고 발음하네요. 왜 그럴까요?

앞 글자의 받침이 'ㄴ, ㄹ, ㅁ, ㅇ'으로 끝나고 그 뒤에 'ㄴ, ㄹ'으로 시작되는 낱말이 올 때 두 소리가 서로 비슷하게 닮아 간답니다.

★학습 목표★

'앞 글자의 받침(ㄴ, ㄹ, ㅁ, ㅇ) + 뒷글자의 첫소리(ㄴ, ㄹ)'일 때 나타나는 소리 변화 살펴보기

- 앞 글자의 받침 'ㄴ' 뒤에 뒷글자 첫소리 'ㄹ'이 오거나 또는 반대의 경우, 소리가 닮아 가는 현상 알기
- 앞 글자의 받침 'ㅁ, ㅇ' 뒤에 뒷글자 첫소리 'ㄹ'이 올 때, 소리가 닮아 가는 현상 알기

연습하기

❶ 다음 낱말을 소리 내어 읽어 보고, 보기 와 같은 모양으로 닮아 가는 소리를 가진 낱말을 찾아 ○, △표 하세요.

앞 글자의 받침 'ㅇ, ㅁ' 때문에 뒷글자의 첫소리 'ㄹ'이 [ㄴ]으로 소리 나는 경우	앞 글자의 받침 'ㄴ'이 뒷글자의 첫소리 'ㄹ'을 만나 [ㄹ]로 소리 나는 경우
보기 ⭕공룡[공뇽], 공책[공책]	보기 🔺난로[날로], 난방[난방]
음료수, 음식	편리, 편지
정류장, 정수기	진료, 진찰
청량음료, 청소 시간	안락, 안경

❷ 다음 그림과 낱말을 보고, 소리 내어 읽은 후 빈칸에 옮겨 쓰세요.

 | 난 | 로 |

 | 승 | 리 |

 | 달 | 나 | 라 |

1회 낱말 연습하기 1

빈칸에 글자를 옮겨 쓰고, 소리 내어 읽어 보세요.

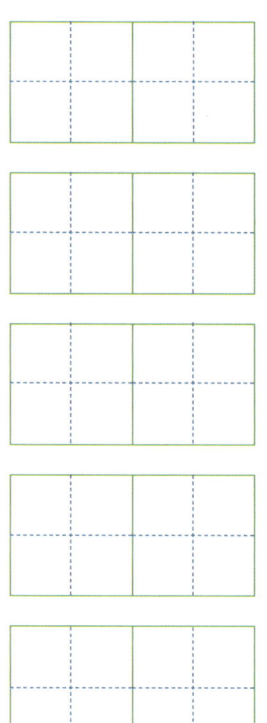

1. 달 님
2. 설 날
3. 편 리
4. 난 로
5. 승 리

6. 왕 릉
7. 대 통 령
8. 음 료 수
9. 줄 넘 기
10. 물 난 리

2회 낱말 연습하기 2

문제를 읽고, 알맞은 낱말에 ○표 한 뒤 빈칸에 옮겨 쓰세요.

점수   점/200점

❶ 의사가 환자를 진찰하고 치료하는 일을 무엇이라고 하나요?
　① 진료　　② 질료
　　　　　　　　　　　　　　　　　　　　　｜　｜료｜

❷ '패배'의 반대말은 무엇인가요?
　① 승리　　② 승니
　　　　　　　　　　　　　　　　　　　　　｜승｜　｜

❸ 칼의 얇고 날카로운 부분을 가리키는 말은 무엇인가요?
　① 칼랄　　② 칼날

❹ '불편'의 반대말은 무엇인가요?
　① 편리　　② 펼리　　③ 편니

❺ '삼국은 고구려, 백제, ○○이다.'에 들어갈 말은 무엇인가요?
　① 실라　　② 실나　　③ 신라

❻ 목이 마를 때 마시는 것을 무엇이라고 하나요?
　① 음뇨수　② 음료수
　　　　　　　　　　　　　　　　　　　　　｜음｜　｜

❼ 양손으로 줄의 끝을 잡고 줄을 뛰어넘는 운동을 무엇이라고 하나요?
　① 줄넘기　② 줄럼기　③ 주럼기

❽ 우리나라를 대표하는 국가 원수를 무엇이라고 하나요?
　① 대통녕　② 대통령　③ 대통영
　　　　　　　　　　　　　　　　　　　　　｜대｜　｜

❾ 버스나 택시가 멈춰서 사람을 태우는 곳을 무엇이라고 하나요?
　① 정류장　② 정뉴장
　　　　　　　　　　　　　　　　　　　　　｜정｜　｜　｜

❿ '우리가 살고 있는 지금'을 가리키는 말은 무엇인가요?
　① 오늘날　② 오늘랄

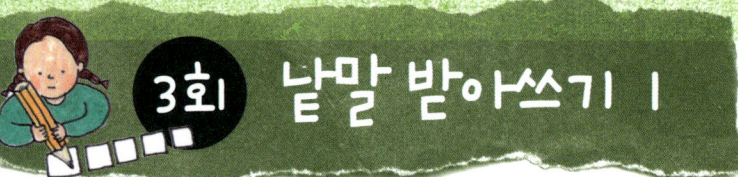

3회 낱말 받아쓰기 1

점수   점/200점

불러 주는 낱말을 잘 듣고, 빈칸에 받아쓰세요.

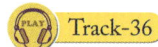 Track-36

4회 낱말 받아쓰기 2

점수   점/200점

불러 주는 낱말을 잘 듣고, 빈칸에 받아쓰세요.

 Track-37

 **5회 어구와 문장 연습하기 1**

어구나 문장을 소리 내어 읽고,
아래 빈칸에 옮겨 쓰세요.

월   일

1. 신랑과 신부
   ☐☐과 신부

2. 따뜻한 난로 옆에 앉아
   따뜻한 ☐☐ 옆에 앉아

3. 편리한 생활 도구들
   ☐☐한 생활 도구들

4. 까치까치 설날은
   까치까치 ☐☐은

5. 장래 희망을 적으세요.
   ☐☐ 희망을 적으세요.

6. 공룡이 사는 쥐라기 공원
   ☐☐이 사는 쥐라기 공원

7. 달나라에 사는 토끼에게
   ☐☐☐에 사는 토끼에게

8. 줄넘기를 매일 연습해요.
   ☐☐☐를 매일 연습해요.

9. 간략하게 설명해 주세요.
   ☐☐☐☐ 설명해 주세요.

10. 청량음료 마시고 싶어.
    ☐☐☐☐ 마시고 싶어.

6회 어구와 문장 연습하기 2

점수   점/200점

□ 안의 틀린 글자를 찾아 ×표 하고, 빈칸에 바르게 고쳐 쓰세요.

틀린 것 찾기   **바르게 고쳐 쓰기**

① 나의 |월×|래| 모습은   나의 |원|래| 모습은

② 삼국을 통일한 |실|라| 삼국을 통일한 | | |

③ 박사가 |잘|란| 체하면서   박사가 | | | 체하면서

④ 같은 |종|뉴×|끼리 묶어   같은 | | | 끼리 묶어

⑤ 이불을 |장|농| 속에 넣고   이불을 | | | 속에 넣고

⑥ |골|란|한| 표정을 지으며 | | | | 표정을 지으며

⑦ |오|늘|랄| 전 세계 도시는 | | | | 전 세계 도시는

⑧ |음|뇨|수| 한 잔 주세요. | | | | 한 잔 주세요.

⑨ 방법을 |궁|니|해| 보자.   방법을 | | | | 보자.

⑩ 쓰레기 |불|리|수|거| 쓰레기 | | | | |

7회 어구와 문장 받아쓰기 1

점수   점/200점

불러 주는 말을 잘 듣고, 띄어쓰기에 유의하며 받아쓰세요.

 Track-38

8회 어구와 문장 받아쓰기 2

점수   점/200점

불러 주는 말을 잘 듣고, 띄어쓰기에 유의하며 받아쓰세요.

 Track-39

중간 평가 2회

점수   점/200점

□ 안의 틀리게 쓴 낱말을 모두 찾아, 오른쪽 빈칸에 바르게 고쳐 쓰세요.

틀린 것 찾기 | **바르게 고쳐 쓰기**

1. 오 남매 중에 망내 입니다. | 오 남매 중에 ☐☐ 입니다.

2. 궁물 한 방울 안 남기고 | ☐☐ 한 방울 안 남기고

3. 붓을 들어 먹물 로 글씨를 쓰다. | 붓을 들어 ☐☐ 로 글씨를 쓰다.

4. 천눈 오는 날 만나자. | ☐☐ 오는 날 만나자.

5. 장년 에 이어 올해도 | ☐☐ 에 이어 올해도

6. 고기 썽는 냄새가 난다. | 고기 ☐☐ 냄새가 난다.

7. 공물 을 갈아서 만들어요. | ☐☐ 을 갈아서 만들어요.

8. 꽃 방남회 를 다녀와서 | 꽃 ☐☐☐ 를 다녀와서

9. 충농증 으로 고생하다. | ☐☐☐ 으로 고생하다.

10. 빈나는 졸업장을 타신 언니께 | ☐☐☐ 졸업장을 타신 언니께

□ 안의 틀리게 쓴 낱말을 모두 찾아, 오른쪽 빈칸에 바르게 고쳐 쓰세요.

틀린 것 찾기   **바르게 고쳐 쓰기**

1. 던니 가 귀여운 소녀 → ☐☐ 가 귀여운 소녀

2. 암 문 으로 들어오세요. → ☐☐ 으로 들어오세요.

3. 대한 동 닙 만세 → 대한 ☐☐ 만세

4. 날카로운 톰 날 → 날카로운 ☐☐

5. 매년 항 년 이 올라갈수록 → 매년 ☐☐ 이 올라갈수록

6. 머리를 뭉 는 게 좋겠다. → 머리를 ☐☐ 게 좋겠다.

7. 망 노 동 을 해서 번 돈 → ☐☐☐ 을 해서 번 돈

8. 암 녁 솥 이 너무 무거워서 → ☐☐☐ 이 너무 무거워서

9. 건 모 양 만 보고는 몰라. → ☐☐☐ 만 보고는 몰라.

10. 과자가 눙 눅 해요. → 과자가 ☐☐ 해요.

중간 평가 2회

점수   점/200점

불러 주는 말을 잘 듣고, 띄어쓰기에 유의하며 받아쓰세요. Track-40

불러 주는 말을 잘 듣고, 띄어쓰기에 유의하며 받아쓰세요. 🎧 Track-41

제 29단계

된소리로 쓰면 안 돼요

★이것을 공부해요★

　위의 그림에서 아이들이 말한 '갈까'와 '갈께' 중에 틀린 표현이 있습니다. 무엇을 틀렸을까요? '갈께'가 틀렸습니다. 왜 틀린 걸까요?
　문장을 소리 내어 읽을 때 된소리로 발음이 나더라도 소리 나는 대로 적으면 안 됩니다. 그래서 '갈께'는 '갈게'로 써야 해요. 하지만, 물어보는 말의 끝말은 된소리로 적어야 합니다. 그래서 '갈까'는 맞는 표현입니다.

★학습 목표★

　문장 속에서 된소리로 적으면 안 되는 낱말과 된소리로 적어야 하는 낱말 구별하기
- 'ㄹ' 뒤에 'ㄱ, ㄷ, ㅂ, ㅅ, ㅈ'이 올 때 된소리로 적지 않기
- 물어보는 말을 나타내는 끝말은 된소리로 적기

연습하기

❶ 다음 낱말을 소리 내어 읽어 보고, 보기 처럼 맞게 쓴 것을 골라 ○표 하세요.

보기	갈지 말지(○),	갈찌 말찌( )
먹을찌 말찌 ( ),	먹을지 말지 ( )
시간이 지날수록 ( ),	시간이 지날쑤록 ( )
돈이 없을지라도 ( ),	돈이 없을찌라도 ( )
몇 시일까? ( ),	몇 시일가? ( )

❷ 다음 그림과 낱말을 보고, 소리 내어 읽은 후 빈칸에 옮겨 쓰세요.

먹을 지 말 지 / 먹을 ☐ 말 ☐

몇 개일 까 ? / 몇 개일 ☐ ?

안녕하십니 까 ? / 안녕하십니 ☐ ?

1회 낱말 연습하기 1

빈칸에 글자를 옮겨 쓰고, 소리 내어 읽어 보세요.

월 일

1.  무엇을 할까? 　　무엇을 　　　?

2.  어디 갔을꼬? 　　어디 　　　　?

3.  지날수록

4.  맞습니까?

5. 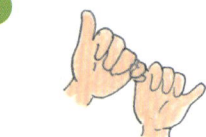 약속할게.

6.  질지라도

7.  갈 적에

8.  어찌할 바

9.  했을지라도 　　　　　　도

10.  힘들지라도 　　　　　라도

2회 낱말 연습하기 2

점수   점/200점

문제를 읽고, 알맞은 낱말에 ○표 한 뒤 빈칸에 옮겨 쓰세요.

1. 사지 않은 것을 후회하는 행동은 어떻게 표현하나요?
   ① 살 껄   ② 살 걸

   살 걸

2. 어떤 일을 할 때를 가리키는 말은 무엇인가요?
   ① 할 저게   ② 할 쩍에   ③ 할 적에

3. '시간이 흐르면 흐를수록'과 같은 말은 무엇인가요?
   ① 지날수록   ② 지날쑤록

4. '하지 말도록 부탁하는 말'은 무엇인가요?
   ① 말찌어다   ② 말지어다

5. 다른 사람이 '속이려 하더라도'와 같은 표현은 무엇인가요?
   ① 소길찌라도   ② 속일찌라도   ③ 속일지라도

   라도

6. '먹을 것인지 안 먹을 것인지'를 뜻하는 말은 무엇인가요?
   ① 먹을찌 말찌   ② 먹을지 말지

   먹을   말

7. '어디에 갔는지 궁금해하는 말'은 무엇인가요?
   ① 어디 갔을꼬?   ② 어디 갔을고?

   어디   ?

8. 안부를 묻는 말은 무엇인가요?
   ① 안녕하십니까?   ② 안녕하십니가?

   안녕하십니   ?

9. 시각을 묻는 말은 무엇인가요?
   ① 몇 시입니가?   ② 몇 시입니까?

      시입니   ?

10. 개수를 묻는 말은 무엇인가요?
    ① 몇 개입니까?   ② 몇 개입니가?

       개입니   ?

3회 낱말 받아쓰기 1

점수   점/200점

불러 주는 낱말을 잘 듣고, 빈칸에 받아쓰세요.

Track-42

4회 낱말 받아쓰기 2

점수   점/200점

불러 주는 낱말을 잘 듣고, 빈칸에 받아쓰세요.

Track-43

5회 어구와 문장 연습하기 1

어구나 문장을 소리 내어 읽고, 아래 빈칸에 옮겨 쓰세요.

월   일

① 진작에 할 걸
진작에 ☐ ☐

② 몇 개일까?
몇 ☐ ☐ ☐ ?

③ 그걸 할쏘냐?
그걸 ☐ ☐ ☐ ?

④ 어찌하면 좋을꼬?
어찌하면 ☐ ☐ ☐ ?

⑤ 해가 갈수록
해가 ☐ ☐ ☐

⑥ 그것이 맞습니까?
그것이 ☐ ☐ ☐ ☐ ?

⑦ 먹을지 말지
☐ ☐ ☐   ☐ ☐

⑧ 나를 속일지라도
나를 ☐ ☐ ☐ ☐

⑨ 따라갈 걸 그랬나?
☐ ☐ ☐   ☐ 그랬나?

⑩ 공연에 늦을지라도
공연에 ☐ ☐ ☐ ☐

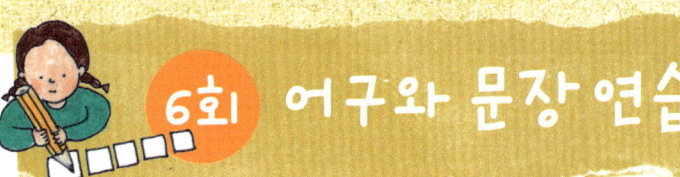

6회 어구와 문장 연습하기 2

점수   점/200점

□ 안의 틀린 글자를 찾아 ×표 하고, 빈칸에 바르게 고쳐 쓰세요.

틀린 것 찾기 | **바르게 고쳐 쓰기**

① 미리 약속을 할 ~~껄~~ | 미리 약속을 할 걸

② 시간이 흐를쑤록 | 시간이 ☐☐☐☐

③ 이걸 할찌 말찌 | 이걸 ☐☐ ☐☐

④ 어디로 갔을고? | 어디로 ☐☐☐?

⑤ 안녕하십니가? | ☐☐☐☐☐☐?

⑥ 새 옷을 입을가? | 새 옷을 ☐☐☐?

⑦ 횡단보도를 건널 씨에는 | 횡단보도를 건널 ☐☐는

⑧ 내가 약속할 ~~께~~. | 내가 ☐☐☐☐.

⑨ 너를 속일찌라도 | 너를 ☐☐☐☐☐

⑩ 학교에 늦을쎄라 | 학교에 ☐☐☐☐

115

7회 어구와 문장 받아쓰기 1

점수　　점/200점

불러 주는 말을 잘 듣고, 띄어쓰기에 유의하며 받아쓰세요.

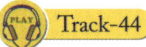 Track-44

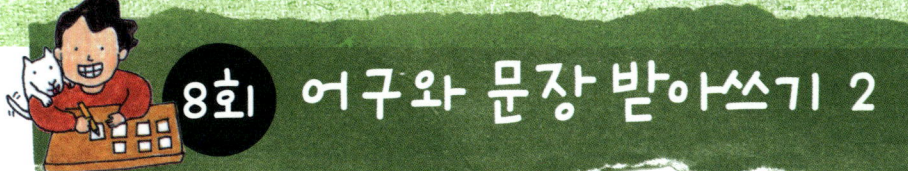

점수   점/200점

불러 주는 말을 잘 듣고,
띄어쓰기에 유의하며 받아쓰세요.

 Track-45

제 30단계

소리는 같지만 글자가 달라요

★이것을 공부해요★

　위 그림은 '(우표를) 붙이다[부치다]'와 '(편지를) 부치다[부치다]'처럼 읽을 때의 소리는 같지만 뜻이 서로 다른 낱말을 보여 주고 있습니다.
　이런 낱말들은 듣는 것만으로는 어떤 의미인지 알 수 없어요. 어디서 어떤 낱말들과 함께 쓰이는지를 살펴보아야 그 뜻을 구별할 수 있답니다.

★학습 목표★

- 소리는 같지만 뜻이 다른 낱말 알기
- 소리는 같지만 뜻이 다른 낱말 구별하기

연습하기

❶ 낱말을 소리 내어 읽어 보고, 보기 처럼 괄호 안에 들어갈 알맞은 낱말을 찾아 ○표 하세요.

> 보기 여름에는 시원한 (얼음, 어름) 빙수가 최고야!

(반드시, 반듯이) 시간에 맞추어 오세요.

고개를 (반드시, 반듯이) 세우세요.

편지 봉투에 우표를 (붙이다, 부치다).

친구에게 편지를 (붙이다, 부치다).

자전거가 자동차와 서로 (부딪치다, 부딪히다).

자전거가 가다가 트럭에 (부딪치다, 부딪히다).

신에게 제물을 (바치다, 받치다, 받히다, 밭치다).

흰색 안감을 (바치고, 받치고, 받히고, 밭치고) 만드세요.

❷ 다음 그림과 낱말을 보고, 소리 내어 읽은 후 빈칸에 옮겨 쓰세요.

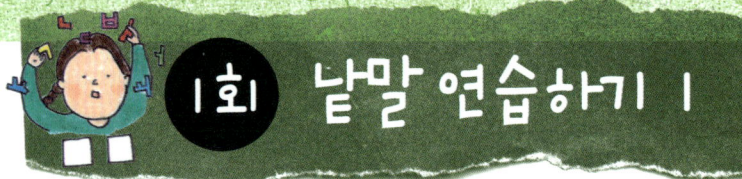

1회 낱말 연습하기 1

빈칸에 글자를 옮겨 쓰고, 소리 내어 읽어 보세요.

1. 걸음
2. 거름
3. 거치다
4. 걷히다
5. 다리다

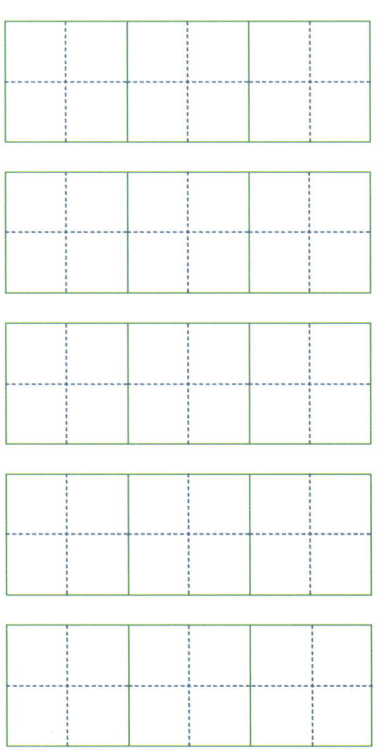

6. 달이다
7. 마치다
8. 맞히다
9. 바치다
10. 받치다

2회 낱말 연습하기 2

점수   점/200점

문제를 읽고, 알맞은 낱말에 ○표 한 뒤 빈칸에 옮겨 쓰세요.

❶ 두 발을 옮겨 움직이는 모습을 가리키는 말은 무엇인가요?
  ① 걸음   ② 거름

걸 음

❷ 식물이 잘 자라게 하기 위한 것은 무엇인가요?
  ① 걸음   ② 거름

❸ 물이 얼어서 만들어진 것은 무엇인가요?
  ① 얼음   ② 어름

❹ 두 사물의 끝이 맞닿은 자리를 가리키는 말은 무엇인가요?
  ① 어름   ② 얼음

❺ 목에 거는 장식품은 무엇인가요?
  ① 목걸이   ② 목거리

❻ 목이 붓고 아픈 병은 무엇인가요?
  ① 목걸이   ② 목거리

❼ 친구에게 편지를 보내는 것을 가리키는 말은 무엇인가요?
  ① 부치다   ② 붙이다

❽ '봉투에 우표를 ○○○.'에서 알맞은 말은 무엇인가요?
  ① 붙이다   ② 부치다

❾ 다리가 감각이 없고 둔한 모습을 표현한 말은 무엇인가요?
  ① 저리다   ② 절이다

❿ 배추를 소금물에 넣어 두는 것을 가리키는 말은 무엇인가요?
  ① 절이다   ② 저리다

121

3회 낱말 받아쓰기 1

점수   점/200점

불러 주는 낱말을 잘 듣고, 빈칸에 받아쓰세요.

 Track-46

1. ☐☐
2. ☐☐
3. ☐☐
4. ☐☐
5. (문이) ☐☐☐
6. (손을) ☐☐☐
7. (우산을) ☐☐☐
8. (목숨을) ☐☐☐
9. (편지를) ☐☐☐
10. (우표를) ☐☐☐

11. (꼭) ☐☐☐
12. (고개를) ☐☐☐
13. (일을) ☐☐☐
14. (과녁을) ☐☐☐
15. (옷을) ☐☐☐
16. (한약을) ☐☐☐
17. (다리가) ☐☐☐
18. (배추를) ☐☐☐
19. (거북이가) ☐☐☐
20. (바지를) ☐☐☐

4회 낱말 받아쓰기 2

점수   점/200점

불러 주는 낱말을 잘 듣고, 빈칸에 받아쓰세요.

1. (일을)
2. (열을)
3. (마음을)
4. (생선을)
5. (비용을)
6. (배를)
7. (체에)
8. (쇠뿔에)
9. (조금)
10. (돈이)
11. (여러 곳을) □□다
12. (외상값이)
13. (차끼리) □□□다
14. (트럭에) □□□다
15. (재산을)
16. □□□다
17. □□ □□다
18. (발로)
19. (퇴비)
20. 사람

5회 어구와 문장 연습하기 1

어구나 문장을 소리 내어 읽고, 아래 빈칸에 옮겨 쓰세요.

① 차가운 얼음
차가운 ☐☐

② 빠른 걸음
빠른 ☐☐

③ 풀을 썩힌 거름
풀을 썩힌 ☐☐

④ 소금에 절인 배추
소금에 ☐☐ 배추

⑤ 행동이 느려서
행동이 ☐☐☐

⑥ 와이셔츠를 다리다.
와이셔츠를 ☐☐☐.

⑦ 하던 일을 마치고
하던 일을 ☐☐☐

⑧ 고개를 반듯이 들어
고개를 ☐☐☐ 들어

⑨ 과녁에 맞혀진 화살
과녁에 ☐☐☐ 화살

⑩ 사람으로서 해야 할 일
사람 ☐☐☐ 해야 할 일

6회 어구와 문장 연습하기 2

점수   점/200점

□ 안의 틀린 글자를 찾아 ×표 하고, 빈칸에 바르게 고쳐 쓰세요.

틀린 것 찾기 | **바르게 고쳐 쓰기**

① 아주 느린(늦인) 걸음으로 → 아주 느린 걸음으로

② 다리미로 달인 옷 → 다리미로 □□ 옷

③ 정성껏 다린 한약 → 정성껏 □□ 한약

④ 외상값이 안 거쳐 → 외상값이 안 □□

⑤ 반듯이 지켜야 할 약속 → □□□ 지켜야 할 약속

⑥ 장난치다 닫혀(닫혀)서 → 장난치다 다 쳐 서

⑦ 수업을 일찍 맞혀서 → 수업을 일찍 □□□

⑧ 가다가 문에 부딪쳐 → 가다가 문에 □□□

⑨ 형에게 편지를 붙이고 → 형에게 편지를 □□□

⑩ 보던지 말던지 → □□지 □□지

7회 어구와 문장 받아쓰기 1

점수   점/200점

불러 주는 말을 잘 듣고, 띄어쓰기에 유의하며 받아쓰세요.

 Track-48

8회 어구와 문장 받아쓰기 2

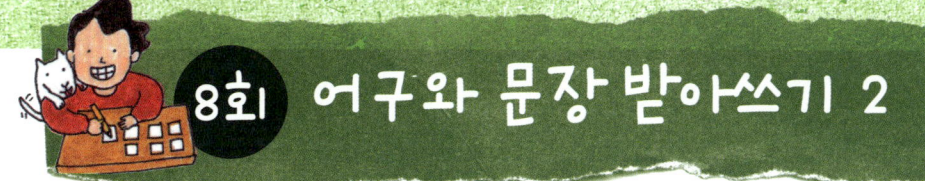

점수   점/200점

불러 주는 말을 잘 듣고, 띄어쓰기에 유의하며 받아쓰세요.

 Track-49

종합 평가 2회

□ 안의 틀리게 쓴 낱말을 모두 찾아, 오른쪽 빈칸에 바르게 고쳐 쓰세요.

틀린 것 찾기　　　　　　　　　　**바르게 고쳐 쓰기**

1. 차가운 어름　　　　　　　차가운 ☐☐

2. 아기 거름 걸이는 아장아장　　아기 ☐☐ 걸이는 아장아장

3. 어찌하면 좋을고?　　　　　어찌하면 ☐☐☐?

4. 해가 갈쑤록 실력이 나아지다.　해가 ☐☐☐ 실력이 나아지다.

5. 고개를 반드시 들어요.　　　고개를 ☐☐☐ 들어요.

6. 집에 가서 반듯이 복습하세요.　집에 가서 ☐☐☐ 복습하세요.

7. 어떤 옷을 입을가?　　　　　어떤 옷을 ☐☐☐?

8. 사람으로써 해야 할 일　　　사람 ☐☐☐ 해야 할 일

9. 세상이 나를 속일찌라도　　　세상이 나를 ☐☐☐☐☐

10. 선물을 줄찌 말찌　　　　　선물을 ☐☐ ☐☐

128

불러 주는 말을 잘 듣고, 띄어쓰기에 유의하며 받아쓰세요.  Track-50

종합 평가 2회

불러 주는 말을 잘 듣고, 띄어쓰기에 유의하며 받아쓰세요. Track-51

점수   점/200점

불러 주는 말을 잘 듣고, 띄어쓰기에 유의하며 받아쓰세요.  Track-52

종합 평가 2회

불러 주는 말을 잘 듣고, 띄어쓰기에 유의하며 받아쓰세요. Track-53

더 연습하기

틀린 글자나 문장을 연습해요.

⟨기적의 명문장 따라쓰기⟩

책 한 권을 백 번 읽는 효과
쓰는 힘, 생각하는 힘을 동시에 기르자!

지혜로운 어린이로 거듭나기 위한 '필사(筆寫) 프로젝트'

속담·고사성어 편 │ 저자 강효미 │ 124쪽 │ 초등 1학년 이상~ │ 10,000원
명심보감 편 │ 저자 박수밀 │ 128쪽 │ 초등 2학년 이상~ │ 10,000원
논어 편 │ 저자 박수밀 │ 124쪽 │ 초등 3학년 이상~ │ 10,000원

⟨기적의 명문장 따라쓰기⟩ 한 권이면 이런 효과를 얻을 수 있어요!

 **1 집중력 강화**

50일 동안 하루 한 문장씩 집중해서 또박또박 읽고, 천천히 따라 쓰는 사이에 자연스럽게 집중력이 강화됩니다. 건성으로 공부하는 아이들의 학습 습관을 ⟨기적의 명문장 따라쓰기⟩ 한 권으로 바로잡을 수 있습니다.

 **2 사고력 증가**

'이야기 한 토막', '생각 다지기' '생각 넓히기' 코너를 통해 명문장의 의미와 유래를 이해하기 쉽도록 구성했습니다. 집중해서 읽고 천천히 따라쓰면서 아이의 깊이 있는 사고를 유도합니다.

 **3 필력 충전**

열 번 읽는 것보다 한 번 직접 써 보는 것이 학습 효과 면에서 훨씬 뛰어납니다. 명문장을 소리 내어 읽으면서 따라 쓰면 예쁜 글씨체를 익힐 수 있고, 나날이 성장하는 아이의 필력을 눈으로 확인할 수 있습니다.

⟨기적의 일기 쓰기⟩
30일 완성 글쓰기 프로그램
일기 쓰기가 척척! 글쓰기 실력은 쑥쑥!

"엄마, 일기는 어떻게 써요?"
아이들의 질문에 대한 명쾌한 해답!
일기를 한 줄도 못 쓰는 아이들에게 일기 쓰는 가장 쉬운 방법을 알려 주는 교재

구성

최영환・문경은・이수희・이선욱 지음
7세~초등 2학년 | 각 권 8,000원 | 세트 24,000원

- **1권** 시간과 장소를 중심으로 일기 쓰기
- **2권** 인물과 사건을 중심으로 일기 쓰기
- **3권** 시간, 장소, 인물, 사건의 조합으로 일기 쓰기

특징

- 시간, 장소, 인물, 사건의 4가지 키워드로 생각을 정리해요.
- 체계적인 원리 학습을 통해 일기 쓰기의 기초부터 응용까지 익혀요.
- 단계별 학부모 지도팁이 상세하게 제공되어 홈스쿨링이 가능해요.

끝말잇기

기적의 받아쓰기 3권 공부가 끝났어요.
새로 알게 된 낱말을 하나 골라 재미있게 끝말잇기를 해 보세요.

〈기적의 한글 학습〉 최영환 교수의 받아쓰기 프로그램!
2007년 출간 이래 최고의 베스트셀러!

기적의 받아쓰기

개정판

3권 복잡한 소리의 변화 1 - 학부모용

〈초등 1학년~4학년〉

길벗스쿨

이 책의 활용 방법

❶ 목표 확인

목표를 생각하면서 공부를 하면 효과가 높다는 연구 결과가 많습니다. 받아쓰기에서도 무엇을 학습해야 하는지 정확하게 알면 초점이 분명해지기 때문에, 불필요한 부분을 배제하고 효율적으로 지도할 수 있습니다. 아이들이 학습 목표가 아닌 부분을 틀렸을 경우에도 참고만 하시고, 학습에 포함시키지 않는 것이 좋습니다. 목표를 단일화해야만 합니다. 이 점을 반드시 기억해 주 시오.

❷ 준비 학습(연습하기)

받아쓰기를 하기 전에 미리 준비를 합니다. 학습할 요소를 미리 추출하여 낱자를 연습시키는 단계입니다. 낱자 연습을 통해 받아쓰기를 할 때 주의할 점이 무엇인지 인지하게 되고, 실제로 받아쓰기를 할 때 여기서 학습한 낱자가 그대로 사용되는 경우가 많습니다. 다만, 학습 능력이 우수한 아이의 경우 이 과정을 생략할 수도 있습니다.

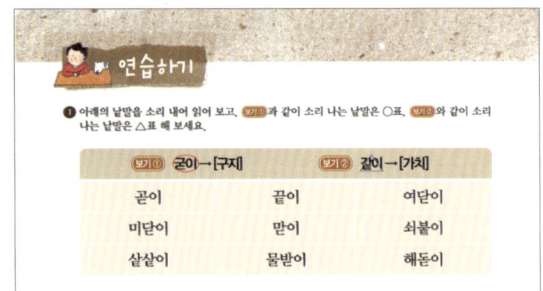

❸ 낱말 연습하기 1(1회)

★ 아이 스스로 공부하게 하십시오.

현재의 받아쓰기는 문장을 불러 주기 때문에 아이들이 매우 힘들어합니다. 한 문장 안에 학습할 요소와 그렇지 않은 요소가 포함되어 있기 때문에 초점도 흐려지게 됩니다. '낱말 연습 1'에서는 학습할 낱말의 글자 형태를 미리 알게 하고, 한번 써 보게 하는 데 초점을 두었습니다. 글자를 보고 쓰는 것이기 때문에 혼자서 학습할 수 있고, 낱말만 모아서 제시하였기 때문에 학습 요소를 중심으로 반복 학습이 가능합니다.

❹ 낱말 연습하기 2(2회)

★ 아이 스스로 공부하게 하십시오.

수수께끼처럼 만들어서 혼자서 재미있게 공부할 수 있게 하였습니다. 답이 아닌 보기는 아이들이 받아쓰기를 한 것에서 흔히 발견되는 잘못 쓴 형태이므로 스스로 자신의 잘못을 교정하는 데 도움이 될 것입니다. 실제로 아이들이 이 과정을 어려워하는 경우가 많습니다. 주의 깊게 살펴보시고, 지도할 것이 무엇인지 확인하여 주십시오.

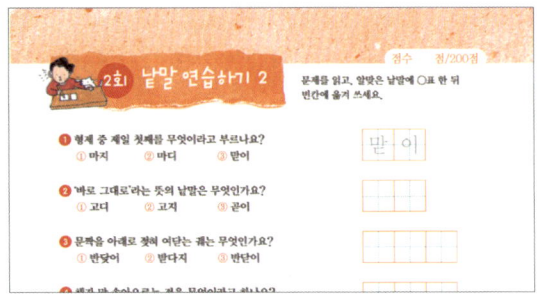

★**중간 평가 1, 2회** – 각 장이 끝날 때마다 그 장에서 배운 내용을 확인합니다.
★**종합 평가 1, 2회** – 2개의 장이 끝날 때마다 그 장에서 배운 내용을 확인합니다.

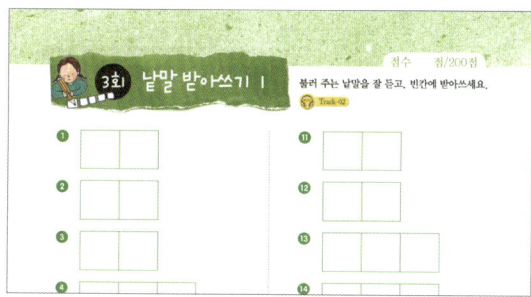

❺ 낱말 받아쓰기 1, 2(3회, 4회)

★ 선생님이나 부모님과 함께 공부하십시오.

　받아쓰기는 불러 주는 말을 글자로 옮기는 것입니다. 학습할 목표가 반영된 낱말 40개를 제시하였으므로, 낱말의 받아쓰기 연습의 마지막 과정이 됩니다. 반복을 통한 원리 이해에도 도움이 될 것입니다. 아이가 흥미를 느끼면 20개씩 불러 주시고, 그렇지 않으면 10개씩 나누어서 연습하십시오. 아이가 잘 틀리는 것만 골라서 불러 주셔도 좋습니다.

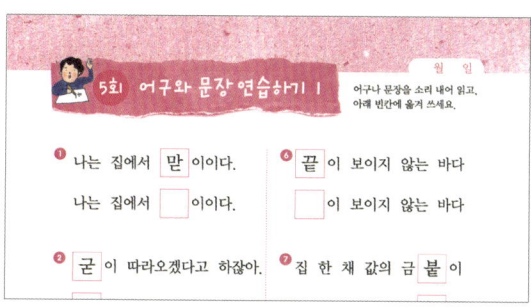

❻ 어구와 문장 연습하기 1(5회)

★ 아이 스스로 공부하게 하십시오.

　유사한 낱말을 비교하면서 문장으로 확장하기 위한 과정입니다. 어구의 형태로 만들어서 부담을 줄이고 혼동하기 쉬운 형태, 서로 형태는 비슷하면서 다른 것을 제시하여 연습의 효과를 높였습니다. 아이가 형태의 차이, 발음의 차이를 인지하도록 도와주시고, 필요한 경우에 부모님과 아이가 함께 글자를 짚어 가면서 발음을 해 보는 것도 좋습니다.

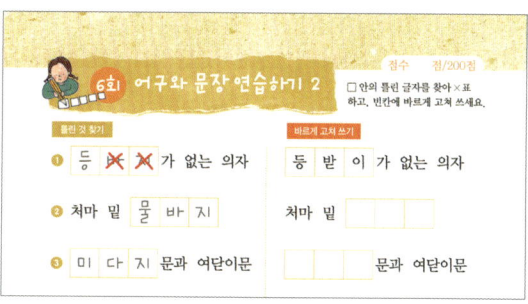

❼ 어구와 문장 연습하기 2(6회)

★ 아이 스스로 공부하게 하십시오.

　잘못 쓴 글자를 보면서 고치도록 하는 과정입니다. 문장의 뜻이 무엇인지 모를 경우 고쳐 쓸 수 없으므로 부모님께서 살펴보시고 뜻을 알려 주셔도 좋습니다. 고쳐 쓸 때에는 오른쪽 빈칸에 쓸 바른 형태에 초점을 두도록 강조하고 확인해 주셔야 합니다. 그렇지 않을 경우 왼쪽 칸의 잘못된 형태가 머릿속에 남을 수도 있으니 지도에 유의하십시오. 문장 받아쓰기를 위한 마지막 준비 과정이므로 열심히 해야 합니다.

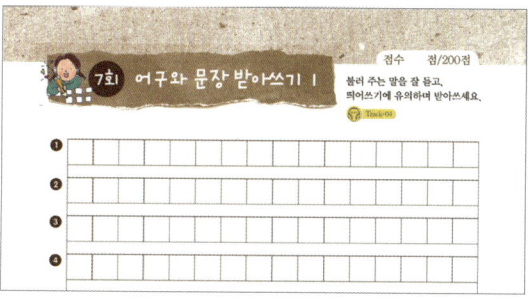

❽ 어구와 문장 받아쓰기 1, 2(7회, 8회)

★ 선생님이나 부모님과 함께 공부하십시오.

　학교에서 받아쓰기를 하는 것과 가장 유사한 형태입니다. 아이가 잘 받아쓸 수 있도록 문장을 부르실 때 한 번은 천천히, 그 다음에는 정상 속도로 불러 주십시오. 1권과 2권의 20단계까지는 아이들이 띄어쓰기에 부담을 갖지 않고 자연스럽게 학습할 수 있도록 띄어쓰기의 위치와 마침표를 표시하였습니다.

★홈페이지에 제공된 불러 주기용 파일은 MBC 성우의 음성으로, 정확한 발음을 제공합니다.
★이 책에 실린 모든 낱말의 맞춤법과 띄어쓰기는 국립국어원의 표준국어대사전에 의거합니다.

채점 및 결과 활용 방법

이 책을 사용하면서 받아쓰기 결과를 채점할 때 다음의 3가지를 고려해야 합니다.

첫째, 단계별 목표를 중심으로 채점한다.

받아쓰기를 하면 대개 전체 문장이 맞았는지 틀렸는지 판단하고 채점을 합니다. 그럴 경우 한 글자만 틀려도 문장 전체가 틀린 것으로 채점하게 되는데, 이것은 채점 결과를 활용할 때 아무런 도움이 되지 않습니다. 이 책을 사용할 때 채점은 단계별 목표에 중점을 두어 낱말을 채점하고, 문장에서도 핵심 낱말을 중심으로 살펴보아야 합니다. 예를 들어, 받침이 뒤로 넘어가는 것을 학습하는 단계에서 '그림책에 나온 동물'이라는 문장을 받아쓸 때 [채게]를 '책에'라고 바르게 썼는지에 초점을 두어야 합니다. 그래서 채점을 할 때 전체 문장이 맞았으면 문제당 정한 점수를 주고, 단계별 핵심 요소에 다시 한 번 동그라미를 해 주어 반복 학습의 효과를 얻을 수 있게 해야 합니다. 만일 핵심 학습 요소를 틀렸을 경우 그 부분에만 틀린 표시를 해서 감점을 합니다.

둘째, 학습 단계별 요소를 구별하여 채점한다.

이 책에서는 학습 단계별 요소를 체계적으로 반영하여 모든 자료는 앞 단계에서 학습한 요소와 새로 학습할 요소만으로 만들었습니다. 앞으로 학습할 요소는 최대한 반영하지 않도록 하였습니다. 따라서 대부분의 자료는 학습자가 이미 알고 있는 받아쓰기 지식을 토대로 각 단계별로 학습할 받아쓰기 지식을 추가하면 됩니다. 채점 역시 이러한 체계를 반영하여 단계별 요소를 중심으로 채점하고, 이전 단계에서 학습한 것을 틀렸을 경우 채점에서 배제할 수 있습니다. 위의 예에서, '그림책에 나온 동물' 중 '림' 자를 틀렸거나 '동물'을 잘못 썼다고 해도 감점하거나 틀린 것으로 채점하지 않고, '책에'를 제대로 썼다면 맞은 것으로 인정하는 방식입니다. 즉 문장 전체를 채점하지 않고, 문장 속에서 목표 단계별 요소가 반영된 낱말을 찾아 채점하여 초점을 강조할 수 있습니다. 이 방법은 이전 학습의 결과를 계속 유지하지 못하는 학습자들이 자신감을 잃지 않도록 하는 것이므로 필요에 따라 선택적으로 사용해도 좋습니다.

셋째, 점수는 최대한 잘 주고, 감점은 최소화한다.

받아쓰기 핵심 요소를 중심으로 하여 낱말 받아쓰기의 경우 20개씩 2개 세트가 제공됩니다. 이것을 10개씩 나누어 제공할 수도 있고 20개씩 나누어 제공할 수도 있습니다. 학습자의 특성에 따라 선택하면 됩니다. 채점할 때에는 위의 지침을 따르도록 합니다. 문장 받아쓰기는 12개 문장을 제시하였는데, 이것은 총 배점이 200점이 되도록 하여 받아쓰기 점수가 높아지는 효과가 있습니다. 즉 100점 만점으로 채점하지 말고 200점 만점으로 채점해서 학습자가 자신의 받아쓰기 점수에 대해 만족하고 스스로 자신감을 갖도록 해 줍니다. 감점은 최소화해서 틀린 글자 단위로 1점이나 2점, 혹은 자유롭게 정해서 채점해 주십시오.

받아쓰기 채점에서 가장 중요한 것은 학습자에 대한 평가 점수를 얻는 것이 아니라 받아쓰기 능력에 대한 정보를 얻고, 학습자가 받아쓰기에 흥미를 갖고 더 열심히 받아쓰기를 하도록 격려하는 것입니다. 학부모가 점수에 인색하면, 학습자는 학습에 인색하게 된다는 점을 유념해 주시기 바랍니다.

21단계

'ㄷ'을 'ㅈ'으로 발음해요

★이것을 가르쳐 주세요★

이 단계는 구개음화 현상에 대하여 지도합니다.
- 앞 글자의 받침 'ㄷ, ㅌ'이고 뒷글자의 첫소리가 모음, 'ㅣ, ㅑ, ㅕ, ㅛ, ㅠ'로 시작할 때 'ㄷ, ㅌ'이 [ㅈ, ㅊ]으로 변하는 현상 알기

★학습 목표★

- 앞 글자의 받침 'ㄷ, ㅌ' + 'ㅣ, ㅑ, ㅕ, ㅛ, ㅠ'면 [ㅈ, ㅊ]으로 발음하기

받아쓰기 내용을 불러 주실 때, 받침 'ㄷ, ㅌ(ㄾ)'이 모음 'ㅣ'와 만나면 연음하여 발음하되, 'ㄷ, ㅌ'을 각각 [ㅈ, ㅊ]으로 바꾸어 발음합니다. 예를 들면, '밭은[바튼], 밭을[바틀], 밭에[바테]'와 같은 것은 모음 앞에서 원래 음대로 연음하여 발음하지만, 모음 'ㅣ' 앞에서는 '밭이[바치], 밭이다[바치다], 밭입니다[바침니다]'와 같이 받침 'ㅌ'을 구개음 [ㅊ]으로 바꾼 뒤 연음하여 발음해 주어야 합니다.

- 구개음화는 조사나 접미사에 의해서만 일어난다는 점 알아두기

구개음화는 조사나 접미사에 의해서만 일어날 수 있고, 합성어에서는 받침 'ㄷ, ㅌ' 다음에 '이'로 시작되는 낱말이 결합되어 있어도 구개음화는 일어날 수 없습니다. 예를 들면, 밭이랑[반니랑], 홑이불[혼니불] 등이 그러합니다.

> ※ '조사'란? 체언이나 부사, 어미 따위의 뒤에 붙어, 그 말과 다른 말과의 문법적 관계를 나타내거나, 그 말의 뜻을 도와주는 품사입니다. 예 '내가 맏이이다'의 '가'
> ※ '접미사'란? 어떤 낱말의 앞이나 뒤에 붙어 뜻을 첨가하여 새로운 단어를 이루는 말입니다.
>   예 '풋사과'의 '풋'

★지도할 때 주의할 점★

구개음화는 표기와 발음이 일치하지 않기 때문에 아이들이 자주 틀리는 부분입니다. 그러나 아이에게 '구개음화'라는 용어를 사용하면서 설명하실 필요는 없습니다. 여러 번 반복하여 소리 내어 읽어 주시면서 발음과 표기가 일치하지 않는다는 것을 알려 주시고, 낱말 본래의 모습을 기억하게 하는 것이 중요합니다.

낱말 연습하기 1, 2

아이 스스로 공부하도록 지도해 주세요.
진하게 쓴 글자를 바르게 쓰는지 확인해 주세요.

1회 16쪽

2회 17쪽

낱말 받아쓰기 1, 2

진하게 쓴 글자의 발음에 유의하며 한 번만 불러 주세요.
단, 받아쓰기가 익숙하지 않아 잘 못 알아들었을 경우 한 번 더 불러 주세요.

3회 18쪽

① 맏이
② 굳이
③ 곧이
④ 해돋이
⑤ 등받이
⑥ 반닫이
⑦ 미닫이
⑧ 휘묻이
⑨ 가을걷이
⑩ 걸레받이
⑪ 밑이
⑫ 끝이
⑬ 낱낱이
⑭ 샅샅이
⑮ 쇠붙이
⑯ 금붙이
⑰ 살붙이
⑱ 피붙이
⑲ 덧붙이기
⑳ 접붙이기

4회 19쪽

① 곧이듣다
② 곧이곧대로
③ 붙이다
④ 발붙이다
⑤ 내붙이다
⑥ 덧붙이다
⑦ 접붙이다
⑧ 걷어붙이다
⑨ 밀어붙이다
⑩ 쏘아붙이다
⑪ 같이
⑫ 똑같이
⑬ 감쪽같이
⑭ 득달같이
⑮ 새벽같이
⑯ 쏜살같이
⑰ 악착같이
⑱ 하나같이
⑲ 한결같이
⑳ 같이하다

어구와 문장 연습하기 1, 2

아이 스스로 공부하도록 지도해 주세요.

5회 20쪽

1. 나는 집에서 맏이이다.
   나는 집에서 맏이이다.
2. 굳이 따라오겠다고 하잖아.
   굳이 따라오겠다고 하잖아.
3. 내가 곧이 들을 줄 아니?
   내가 곧이 들을 줄 아니?
4. 장엄하고 화려한 해돋이
   장엄하고 화려한 해돋이
5. 가을 걷이가 끝난 들판에는
   가을 걷이가 끝난 들판에는
6. 끝이 보이지 않는 바다
   끝이 보이지 않는 바다
7. 집 한 채 값의 금붙이
   집 한 채 값의 금붙이
8. 잘못을 낱낱이 고해바쳤다.
   잘못을 낱낱이 고해바쳤다.
9. 집 안을 샅샅이 뒤지다.
   집 안을 샅샅이 뒤지다.
10. 나를 감쪽같이 속였니?
    나를 감쪽같이 속였니?

6회 21쪽

틀린 것 찾기 / **바르게 고쳐 쓰기**

1. 등받이가 없는 의자 → 등받이가 없는 의자
2. 처마 밑 물받이 → 처마 밑 물받이
3. 미닫이문과 여닫이문 → 미닫이문과 여닫이문
4. 할머니의 반닫이 속에 → 할머니의 반닫이 속에
5. 곧이곧대로 말해. → 곧이곧대로 말해.
6. 돌담에 햇발 같이 → 돌담에 햇발 같이
7. 쇠붙이를 달구어 → 쇠붙이를 달구어
8. 낱낱이 감시해라. → 낱낱이 감시해라.
9. 신문을 샅샅이 읽어도 → 신문을 샅샅이 읽어도
10. 밉게 쏘아붙이다. → 밉게 쏘아붙이다.

어구와 문장 받아쓰기 1, 2

정확한 발음으로 한 번만 불러 주세요. 단, 받아쓰기가 익숙하지 않아 잘 못 알아들었을 경우 한 번 더 불러 주세요. 띄어 쓴 부분은 짧게 띄어 읽어 주세요.

7회 22쪽

1. 맏이인 내가
2. 정동진에서 본 해돋이
3. 등받이가 없는 의자
4. 관직을 굳이 사양하고
5. 가을걷이를 끝내고
6. 사실을 곧이곧대로 말하다.
7. 하나같이 예쁘게 생겼다.
8. 감쪽같이 속이다니
9. 팔을 걷어붙이며
10. 유일한 피붙이인 형
11. 문에 창호지를 덧붙이다.
12. 죄가 낱낱이 드러났다.

8회 23쪽

1. 굳이 따지겠다면
2. 곧이 알아들을 줄 아니?
3. 미닫이를 드르륵 열고는
4. 반닫이 속의 버선
5. 가을걷이를 하는 농부
6. 쇠붙이를 달구어
7. 내 살붙이라고는
8. 뺨을 한 대 내붙였다.
9. 구석으로 밀어붙였다.
10. 발붙일 데가 있어야지.
11. 감쪽같이 숨다.
12. 악착같이 덤비다.

22단계

'ㅎ' 뒤에서 거센소리가 나요

★이것을 가르쳐 주세요★

이 단계에서는 앞 글자의 받침 'ㅎ(ㄶ, ㅀ)' 뒤에서 뒷글자의 첫소리(ㄱ, ㄷ, ㅈ)가 거센소리로 소리 나는 현상에 대해 지도합니다.

• 앞 글자의 받침 'ㅎ' + 뒷글자의 첫소리가 평음(ㄱ, ㄷ, ㅈ)일 때, 거센소리로 발음하는 현상 알기

★학습 목표★

• 앞 글자의 받침 'ㅎ' + 뒷글자의 첫소리 'ㄱ, ㄷ, ㅈ'이면 거센소리로 발음하기

앞 글자의 받침 'ㅎ' 뒤에 뒷글자의 첫소리 'ㄱ, ㄷ, ㅈ'이 결합되면 앞 글자의 받침은 발음되지 않고 뒷글자의 첫소리와 합쳐져 거센소리로 발음합니다. '놓고'는 [노코]로 소리 나지만 '놓다'에서 온 말이므로 '놓고'로 적어야 합니다.

• 앞용언의 활용에만 적용되는 것 알기

받침 'ㅎ'은 용언의 어간에만 쓰이기 때문에 위의 규칙은 용언의 활용에만 적용됩니다. 다만, '싫증'은 [실쯩]으로 발음합니다.

※'용언'이란? 문장의 주체를 서술하는 기능을 가진 동사와 형용사를 통틀어 이르는 말입니다.

★지도할 때 주의할 점★

받침 'ㅎ'은 그와 결합하는 소리에 따라 여러 가지로 발음되기 때문에 받침 'ㅎ'과 관련된 것들을 정리하면 다음과 같습니다.

• 'ㅎ(ㄶ, ㅀ)' 뒤에 'ㄱ, ㄷ, ㅈ'이 결합되는 경우에는, 뒷글자의 첫소리와 합쳐서 [ㅋ, ㅌ, ㅊ]으로 발음합니다. 예 놓고[노코], 좋던[조턴], 쌓지[싸치]
• 'ㅎ(ㄶ, ㅀ)' 뒤에 'ㅅ'이 결합되는 경우에는, 'ㅅ'을 [ㅆ]으로 발음합니다.
  예 닿소[다쏘], 많소[만쏘], 싫소[실쏘]
• 'ㅎ' 뒤에 'ㄴ'이 결합되는 경우에는, 'ㅎ'을 [ㄴ]으로 발음합니다.
  예 낳는[난는], 놓는[논는], 쌓는[싼는]
• 'ㅎ(ㄶ, ㅀ)' 뒤에 모음으로 시작된 어미나 접미사가 결합되는 경우에는, 'ㅎ'을 발음하지 않습니다. 예 낳은[나은], 놓아[노아], 쌓이다[싸이다]

낱말 연습하기 1, 2

아이 스스로 공부하도록 지도해 주세요.
진하게 쓴 글자를 바르게 쓰는지 확인해 주세요.

1회 26쪽

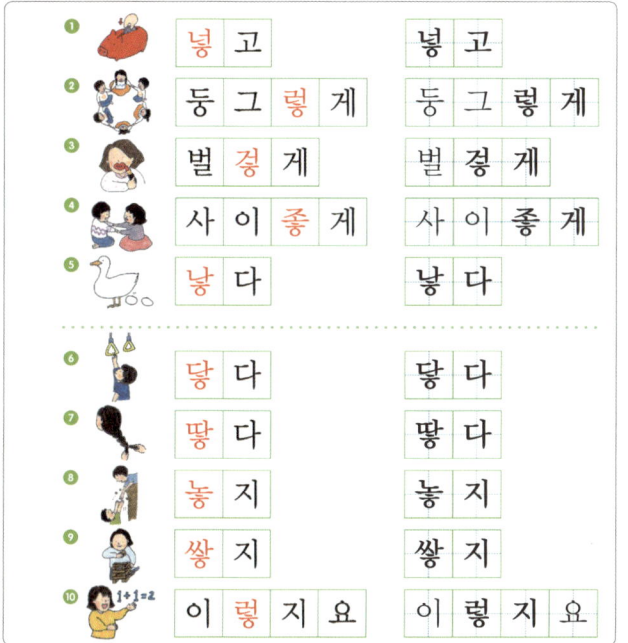

2회 27쪽

낱말 받아쓰기 1, 2

진하게 쓴 글자의 발음에 유의하며 한 번만 불러 주세요.
단, 받아쓰기가 익숙하지 않아 잘 못 알아들었을 경우 한 번 더 불러 주세요.

3회 28쪽

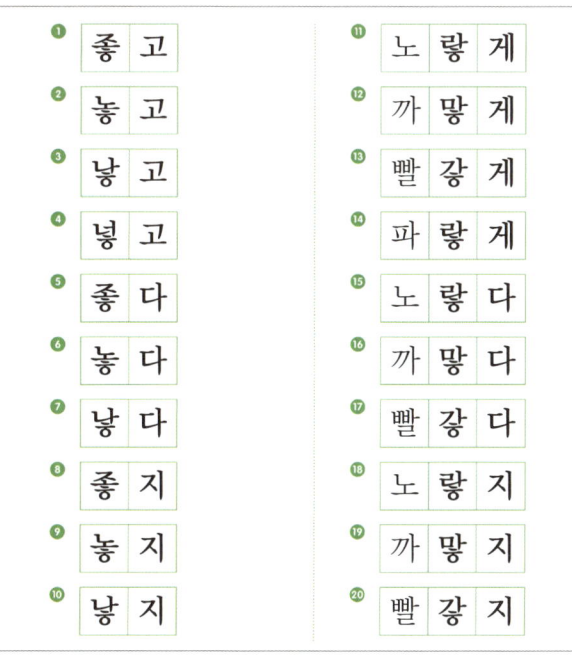

4회 29쪽

① 그렇게	⑪ 사이좋게
② 이렇게	⑫ 곱다랗게
③ 저렇게	⑬ 동그랗게
④ 어떻게	⑭ 커다랗게
⑤ 그렇다	⑮ 사이좋다
⑥ 이렇다	⑯ 곱다랗다
⑦ 저렇다	⑰ 동그랗다
⑧ 그렇지	⑱ 사이좋지
⑨ 이렇지	⑲ 아무렇지
⑩ 저렇지	⑳ 그렇지만

9

어구와 문장 연습하기 1, 2

아이 스스로 공부하도록 지도해 주세요.

5회 30쪽

1. 모두 일손을 놓고
   모두 일손을 놓고
2. 요즈음 어떻게 지내니?
   요즈음 어떻게 지내니?
3. 파랗게 돋아나는 새싹
   파랗게 돋아나는 새싹
4. 곱다랗게 핀 장미
   곱다랗게 핀 장미
5. 좋은 결과를 낳다.
   좋은 결과를 낳다.
6. 겉모습이 이렇다고 해서
   겉모습이 이렇다고 해서
7. 머리가 커다랗다.
   머리가 커다랗다.
8. 연락이 닿지 않아서
   연락이 닿지 않아서
9. 항상 그렇지 뭐.
   항상 그렇지 뭐.
10. 아무렇지도 않은 다리
    아무렇지도 않은 다리

6회 31쪽

어구와 문장 받아쓰기 1, 2

정확한 발음으로 한 번만 불러 주세요. 단, 받아쓰기가 익숙하지 않아 잘 못 알아들었을 경우 한 번 더 불러 주세요. 띄어 쓴 부분은 짧게 띄어 읽어 주세요.

7회 32쪽

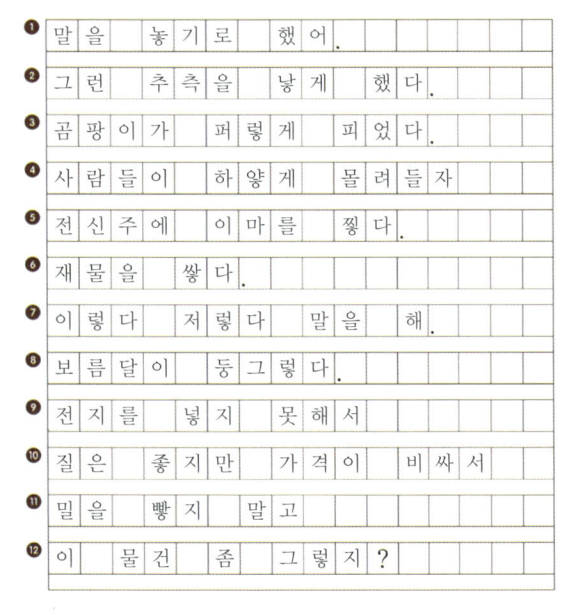

8회 33쪽

1. 볼에 닿기가 무섭게
2. 경험을 쌓기 위해
3. 누렇게 익은 벼
4. 얼굴이 꺼멓게 그을리다.
5. 좋은 결과를 낳다.
6. 너만 좋다면
7. 서슬이 퍼렇다.
8. 소식이 닿도록
9. 손이 잘 닿지?
10. 이번 기회는 좋지.
11. 항상 그렇지 뭐.
12. 얼굴은 까맣지만

23단계

받침 때문에 'ㅎ'이 바뀌어요

★이것을 가르쳐 주세요★

이 단계에서는 뒷글자의 첫소리 'ㅎ'의 발음이 변하는 현상에 대해 지도합니다.

- 앞 글자의 받침 'ㄱ, ㄷ, ㅂ, ㅅ, ㅈ' + 뒷글자의 첫소리 'ㅎ'일 때, 거센소리(ㅋ, ㅌ, ㅍ)로 발음하는 현상 알기

★학습 목표★

- 앞 글자의 받침 'ㄱ, ㄷ, ㅂ, ㅅ, ㅈ' + 뒷글자의 첫소리 'ㅎ'이면 거센소리로 발음하기

앞 글자의 받침 'ㄱ, ㄷ, ㅂ, ㅅ, ㅈ'의 뒤에 뒷글자의 첫소리 'ㅎ'이 결합되면 거센소리로 발음합니다. '축하'는 [추카]로 발음되더라도, 적을 때에는 '축하'라고 적습니다. 축하(祝賀)는 '祝'과 '賀'의 음이 각각 '추'가 아닌 '축', '카'가 아닌 '하'이기 때문입니다.

- 본 모양을 살려 적기

읽는 것과 쓰는 것이 일치하지 않기 때문에, 뜻을 생각하며 본 모양을 살려 적는 것이 중요합니다.

★지도할 때 주의할 점★

뒷글자의 첫소리 'ㅎ'은 그와 결합하는 소리에 따라 여러 가지로 발음되기 때문에 뒷글자의 첫소리 'ㅎ'과 관련된 것들을 정리하면 다음과 같습니다.

- 'ㄱ, ㄷ, ㅂ' 다음에 'ㅎ'이 오는 경우에 각각 둘을 축약하여 [ㅋ, ㅌ, ㅍ]으로 발음합니다. 이는 한자어나 합성어 또는 파생어 등의 경우에 적용됩니다.

  예 국화[구콰], 정직하다[정지카다], 맏형[마텽]

- 'ㄷ'으로 발음 되는 'ㅅ, ㅈ, ㅊ, ㅌ'의 경우에도 이에 적용됩니다.

  예 옷 한 벌[오∨탄∨벌], 낮 한때[나∨탄때], 꽃 한 송이[꼬∨탄∨송이]

낱말 연습하기 1, 2

아이 스스로 공부하도록 지도해 주세요.
진하게 쓴 글자를 바르게 쓰는지 확인해 주세요.

1회 36쪽

2회 37쪽

낱말 받아쓰기 1, 2

진하게 쓴 글자의 발음에 유의하며 한 번만 불러 주세요.
단, 받아쓰기가 익숙하지 않아 잘 못 알아들었을 경우 한 번 더 불러 주세요.

3회 38쪽

4회 39쪽

어구와 문장 연습하기 1, 2

아이 스스로 공부하도록 지도해 주세요.

5회 40쪽

① 코스모스와 국 화
   코스모스와 국 화

② 생일 축 하 해요.
   생일 축 하 해요.

③ 달빛이 가득 한 마당
   달빛이 가득 한 마당

④ 듬직한 맏 형
   듬직한 맏 형

⑤ 마음이 뿌듯 하 다.
   마음이 뿌듯 하 다.

⑥ 꽃잎에 이슬이 맺 히 다.
   꽃잎에 이슬이 맺 히 다.

⑦ 고개를 뒤로 젖 히 다.
   고개를 뒤로 젖 히 다.

⑧ 장미꽃 한 송이
   장미꽃 한 송이

⑨ 마음을 굳 히 다.
   마음을 굳 히 다.

⑩ 옷에 흙을 묻 히 다.
   옷에 흙을 묻 히 다.

6회 41쪽

| 틀린 것 찾기 | 바르게 고쳐 쓰기 |

① 병이 마개로 ~~막켜~~ 있어. → 병이 마개로 막 혀 있어.

② 어 ~~둑깟~~ 골목길 → 어 둑 한 골목길

③ 듬직한 ~~맛헝~~ → 듬직한 맏 형

④ 초등학교에 ~~잎팍~~ 하다. → 초등학교에 입 학 하다.

⑤ 한시가 ~~그팟~~ 다. → 한시가 급 하 다.

⑥ 발에 물집이 ~~자펴~~ 서 → 발에 물집이 잡 혀 서

⑦ 어느 여름 ~~낟핫~~ 때 → 어느 여름 낮 한 때

⑧ 옥에 ~~가친~~ 유관순 → 옥에 갇 힌 유관순

⑨ 장마가 ~~거친~~ 뒤 → 장마가 걷 힌 뒤

⑩ 말문이 ~~다친~~ 다. → 말문이 닫 힌 다.

어구와 문장 받아쓰기 1, 2

정확한 발음으로 한 번만 불러 주세요. 단, 받아쓰기가 익숙하지 않아 잘 못 알아들었을 경우 한 번 더 불러 주세요. 띄어 쓴 부분은 짧게 띄어 읽어 주세요.

7회 42쪽

① 코가 막혀서
② 먹고 먹히는 동물의 세계
③ 뿌리가 깊이 박혀 있다.
④ 고양이를 부탁해.
⑤ 급한 고비는 넘겼으니
⑥ 아기에게 옷을 입혔다.
⑦ 자리를 좁혀 주었다.
⑧ 옷 한 벌
⑨ 낮 한 때 비가 오겠습니다.
⑩ 굿하려는 사람을 보았다.
⑪ 종아리에 피가 맺히도록
⑫ 정답을 맞히다.

8회 43쪽

① 마당에 곱게 핀 국화
② 국 한 대접
③ 달콤한 식혜
④ 입학을 축하해.
⑤ 방 안에 사람들이 가득하다.
⑥ 밥 한 사발
⑦ 미간을 좁히다.
⑧ 다음 물음에 답하시오.
⑨ 경찰에게 잡힌 도둑
⑩ 배가 고프다 못하여 아프다.
⑪ 차츰 잊혀 갔다.
⑫ 국화가 항아리에 꽂혀 있다.

중간 평가 1회

실제로 시험을 보는 자세로 임하게 지도해 주세요.
정확한 발음으로 한 번만 불러 주세요.

1회 44쪽

틀린 것 찾기	바르게 고쳐 쓰기
① 고지곧대로 말한다.	곧이곧대로 말한다.
② 미다지 문과 여닫이문	미닫이 문과 여닫이문
③ 돌담에 속삭이는 햇발 가치	돌담에 속삭이는 햇발 같이
④ 큰 소리로 쏘아 부치다.	큰 소리로 쏘아 붙이다.
⑤ 강에 그물을 노타.	강에 그물을 놓다.
⑥ 요새 군밤이 조터라.	요새 군밤이 좋더라.
⑦ 보름달이 둥그러타.	보름달이 둥그렇다.
⑧ 어두칸 골목길을 피하여	어둑한 골목길을 피하여
⑨ 손바닥에 물집이 자펴서 아프다.	손바닥에 물집이 잡혀서 아프다.
⑩ 장마가 거친 뒤 맑은 하늘	장마가 걷힌 뒤 맑은 하늘

1회 45쪽

틀린 것 찾기	바르게 고쳐 쓰기
① 처마 밑에 달린 물바지	처마 밑에 달린 물받이
② 쇠부치를 달구어	쇠붙이를 달구어
③ 신문을 삳싸치 읽었지만	신문을 샅샅이 읽었지만
④ 손에 다키라도 한 듯	손에 닿기라도 한 듯
⑤ 하야케 밤을 지새우고	하얗게 밤을 지새우고
⑥ 옷을 아무러케나 벗고	옷을 아무렇게나 벗고
⑦ 듬직한 마텽의 모습에	듬직한 맏형의 모습에
⑧ 어느 여름 나탄 때	어느 여름 낮 한 때
⑨ 초등학교에 이팍하다.	초등학교에 입학하다.
⑩ 너무 놀라 말문이 다친다.	너무 놀라 말문이 닫힌다.

중간 평가 1회

실제로 시험을 보는 자세로 임하게 지도해 주세요.
정확한 발음으로 한 번만 불러 주세요.

1회 46쪽

① 팔을 걷어붙이며
② 유일한 피붙이인 형
③ 문에 창호지를 덧붙이다.
④ 죄가 낱낱이 드러났다.
⑤ 밀을 빻지 말고
⑥ 곰팡이가 퍼렇게 피었다.
⑦ 사람들이 하얗게 몰려들자
⑧ 해도 좋고 안 해도 좋다.
⑨ 전신주에 이마를 찧다.
⑩ 재물을 쌓다.
⑪ 경찰에게 잡힌 강도
⑫ 차츰 잊혀 갔다.
⑬ 꽃병에 꽂혀 있는 국화
⑭ 안개가 걷히고

1회 47쪽

① 반닫이 속의 버선
② 가을걷이를 하는 농부
③ 감쪽같이 속이다니
④ 악착같이 덤비다.
⑤ 어디 발붙일 데가 있어야지!
⑥ 좋은 결과를 낳다.
⑦ 너만 좋다면
⑧ 서슬이 퍼렇다.
⑨ 소식이 닿도록
⑩ 그렇고 그렇다.
⑪ 자리를 좁혀 주었다.
⑫ 굿하려고 작정을 했구나!
⑬ 종아리에 피가 맺히도록
⑭ 정답을 맞히다.

24단계

받침을 'ㅂ'과 'ㄱ'으로 발음해요

★이것을 가르쳐 주세요★

이 단계에서는 음절의 끝소리 현상에 대해 지도합니다.

• 받침 'ㅍ, ㄲ, ㅋ'이 말의 끝에서 'ㅂ, ㄱ'으로 소리 나는 경우 알기

★학습 목표★

• **받침 'ㅍ'은 [ㅂ]으로 발음하기**

우리말에서는 말의 끝에서 발음 되는 자음으로 'ㄱ, ㄴ, ㄷ, ㄹ, ㅁ, ㅂ, ㅇ'의 7개가 있습니다. 나머지 자음은 그대로 소리 나지 않고 위의 일곱 개의 자음 중에서 가장 가까운 것으로 바뀌어 소리 납니다.

받침 'ㅍ'은 받침 'ㅂ'과 같이 [ㅂ]으로 발음합니다. '옆'은 [엽]으로 읽습니다. '옆'의 'ㅍ'이 'ㅂ'으로 바뀌어 소리 나지만, 적을 때에는 '옆'이라고 적어야 합니다.

• **받침 'ㄲ, ㅋ'은 [ㄱ]으로 발음하기**

받침 'ㄲ, ㅋ'은 받침 'ㄱ'과 같이 [ㄱ]으로 발음합니다. '밖'은 [박]으로 읽습니다. '밖'의 'ㄲ'은 'ㄱ'으로 바뀌어 소리나지만, 적을 때에는 '밖'이라고 적어야 합니다.

★지도할 때 주의할 점★

음절의 끝소리는 원래 낱말의 철자를 기억하지 못하면 절대 받아쓸 수 없으니 꼭 외우게 해야 합니다.

'밀짚'은 [밀찝]으로 소리 나지만 '지푸라기'의 경우 '짚+우라기'의 형태이므로 '짚'의 원형이 '집'이 아님을 알 수 있습니다. 따라서 '밀집'이 아니라 '밀짚'으로 적어야 합니다.

낱말 연습하기 1, 2

아이 스스로 공부하도록 지도해 주세요.
진하게 쓴 글자를 바르게 쓰는지 확인해 주세요.

1회 50쪽

2회 51쪽

낱말 받아쓰기 1, 2

진하게 쓴 글자의 발음에 유의하며 한 번만 불러 주세요.
단, 받아쓰기가 익숙하지 않아 잘 못 알아들었을 경우 한 번 더 불러 주세요.

3회 52쪽

4회 53쪽

어구와 문장 연습하기 1, 2
아이 스스로 공부하도록 지도해 주세요.

5회 54쪽
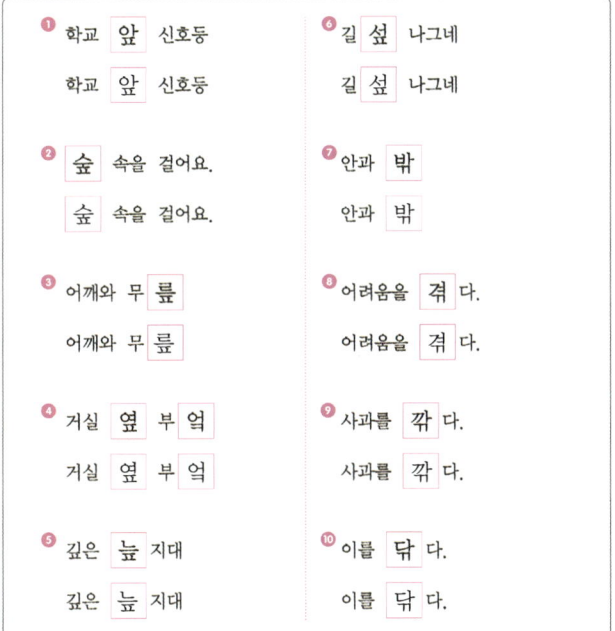

6회 55쪽

어구와 문장 받아쓰기 1, 2
정확한 발음으로 한 번만 불러 주세요. 단, 받아쓰기가 익숙하지 않아 잘 못 알아들었을 경우 한 번 더 불러 주세요. 띄어 쓴 부분은 짧게 띄어 읽어 주세요.

7회 56쪽
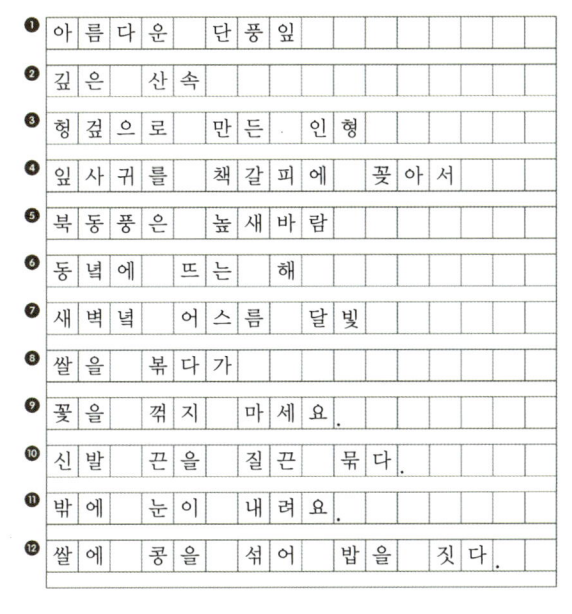

8회 57쪽

❶	은혜	갚은	까치				
❷	높고	푸른	가을	하늘			
❸	솔숲으로	소풍을	가자.				
❹	앞으로	삼십	분만	지나면			
❺	짚으로	짚신을	엮다.				
❻	갈대숲으로	유명한	태백산				
❼	북녘에	사는	내	친구			
❽	안개	낀	새벽녘				
❾	키읔	받침은	틀리기	쉽다.			
❿	고소하게	볶은	콩				
⓫	사과	껍질을	깎다.				
⓬	매운	떡볶이					

25단계

받침을 'ㄷ'으로 발음해요

★이것을 가르쳐 주세요★

이 단계는 음절의 끝소리가 'ㄷ'으로 발음 되는 현상에 대해 지도합니다.

- 받침 'ㄷ, ㅅ, ㅆ, ㅈ, ㅊ, ㅌ'이 'ㄷ'으로 소리 나는 경우 알기

★학습 목표★

- 앞 글자의 받침이 'ㄷ, ㅅ, ㅆ, ㅈ, ㅊ, ㅌ'이면 'ㄷ'으로 바꾸어 발음하기

받침소리로는 'ㄱ, ㄴ, ㄷ, ㄹ, ㅁ, ㅂ, ㅇ'의 7개 자음만 발음합니다. '훈민정음'에서는 'ㅅ'이 하나 더 있어서 받침소리가 8개 있었는데, 그 뒤에 'ㅅ'이 'ㄷ'으로 실현됨으로써 현대 국어에서는 7개가 되었습니다.

어말 위치에서 또는 자음으로 시작된 조사나 어미 앞에서 받침 'ㅅ, ㅆ, ㅈ, ㅊ, ㅌ'은 받침 'ㄷ'과 같이 [ㄷ]으로 발음합니다.

- 음절의 끝소리 현상은 꼭 외워 두기

음절의 끝소리는 낱말 본래의 철자를 기억하지 못하면 절대 받아쓸 수 없으니 꼭 외우게 해야 합니다.

★지도할 때 주의할 점★

음절의 끝소리는 낱말 본래의 철자를 기억하지 못하면 절대 받아쓸 수 없으니 꼭 외우게 해야 합니다. 아이에게 받침으로 쓰인 'ㅅ, ㅆ, ㅈ, ㅊ, ㅌ'은 가장 가까운 'ㄷ'으로 바꾸어 소리 난다는 것을 알게 합니다.

낱말 연습하기 1, 2

아이 스스로 공부하도록 지도해 주세요.
진하게 쓴 글자를 바르게 쓰는지 확인해 주세요.

1회 60쪽

2회 61쪽

낱말 받아쓰기 1, 2

진하게 쓴 글자의 발음에 유의하며 한 번만 불러 주세요.
단, 받아쓰기가 익숙하지 않아 잘 못 알아들었을 경우 한 번 더 불러 주세요.

3회 62쪽

4회 63쪽

어구와 문장 연습하기 1, 2

아이 스스로 공부하도록 지도해 주세요.

5회 64쪽

1. 다 섯 더하기 여 섯
   다 섯 더하기 여 섯
2. 방 긋 웃으며 바라보다.
   방 긋 웃으며 바라보다.
3. 학교에서 발표회를 갖 다.
   학교에서 발표회를 갖 다.
4. 온 갖 정성을 기울여
   온 갖 정성을 기울여
5. 길을 따라서 곧 바로 가면
   길을 따라서 곧 바로 가면
6. 생일 선물을 받 았 다.
   생일 선물을 받 았 다.
7. 감을 실은 돛 단배가 보 였 다.
   감을 실은 돛 단배가 보 였 다.
8. 겉 다르고 속 다르다.
   겉 다르고 속 다르다.
9. 밀 밭 만 지나가도 취한다.
   밀 밭 만 지나가도 취한다.
10. 한 낱 휴지 조각에 불과한
    한 낱 휴지 조각에 불과한

6회 65쪽

어구와 문장 받아쓰기 1, 2

정확한 발음으로 한 번만 불러 주세요. 단, 받아쓰기가 익숙하지 않아 잘 못 알아들었을 경우 한 번 더 불러 주세요. 띄어 쓴 부분은 짧게 띄어 읽어 주세요.

7회 66쪽

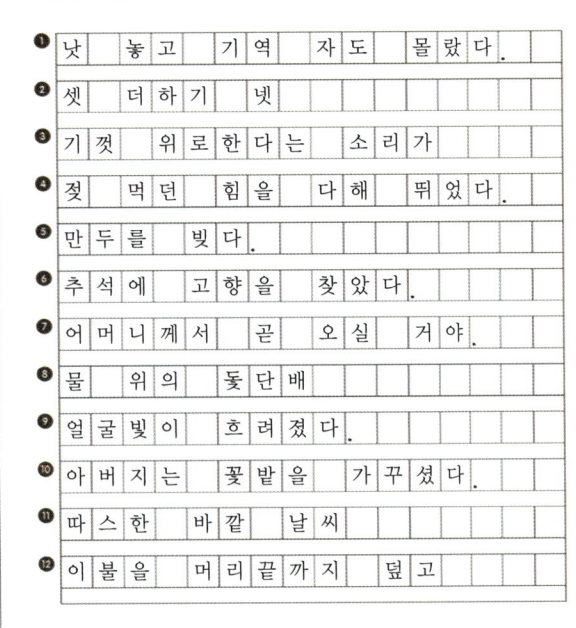

8회 67쪽

1. 연못 위 오리
2. 세 살 버릇 여든까지 간다.
3. 소중한 씨앗 한 톨
4. 젓가락과 숟가락
5. 힘껏 소리를 지르다.
6. 팥 심은 데 팥 난다.
7. 추석에 송편을 빚었다.
8. 곧 기차가 출발해요.
9. 설날에는 윷놀이를 한다.
10. 전학 온 학교가 낯설었다.
11. 저 하늘 끝까지 날아 보자.
12. 여기는 배추밭 저기는 무밭

종합 평가 1회

실제로 시험을 보는 자세로 임하게 지도해 주세요.
정확한 발음으로 한 번만 불러 주세요.

1회 68쪽

틀린 것 찾기
1. 신발 끈을 묵따.
2. 깨를 복따.
3. 10시 안팍으로 도착해.
4. 부억 창문 너머로
5. 새병녁부터 비가 오네.
6. 낟 놓고 기역 자도 모른다.
7. 땅콩, 호두, 잔, 대추
8. 마음껄 뛰고 놀 수 있게
9. 낟이나 밤이나
10. 퐅 심은 데 퐅 난다.

바르게 고쳐 쓰기
1. 신발 끈을 묶다.
2. 깨를 볶다.
3. 10시 안팎으로 도착해.
4. 부엌 창문 너머로
5. 새벽녘부터 비가 오네.
6. 낫 놓고 기역 자도 모른다.
7. 땅콩, 호두, 잣, 대추
8. 마음껏 뛰고 놀 수 있게
9. 낮이나 밤이나
10. 팥 심은 데 팥 난다.

1회 69쪽

1. 헝겊으로 만든 인형
2. 철새가 찾아오는 늪지대
3. 깊은 산속
4. 쌀을 볶다.
5. 동녘에 뜨는 해
6. 북녘에 사는 내 친구
7. 연못 위 오리
8. 세 살 버릇은 여든까지
9. 젖 먹던 힘을 다해 뛰었다.
10. 호랑이와 곶감
11. 물 위의 돛단배
12. 초록빛 바다

종합 평가 1회

실제로 시험을 보는 자세로 임하게 지도해 주세요.
정확한 발음으로 한 번만 불러 주세요.

1회 70쪽

1. 아름다운 단풍잎
2. 잎사귀를 책갈피에 꽂아서
3. 은혜 갚은 까치
4. 솔숲으로 소풍을 가자.
5. 어려움을 겪고 나서
6. 신발 끈을 질끈 묶다.
7. 밖에 눈이 내려요.
8. 안개 낀 새벽녘
9. 만두를 빚다.
10. 어머니께서 곧 오실 거야.
11. 아버지는 꽃밭을 가꾸셨다.
12. 따스한 바깥 날씨

1회 71쪽

1. 나는 집에서 맏이이다.
2. 굳이 따라가겠다면
3. 나를 감쪽같이 속이다니.
4. 하얗게 밤을 새우고
5. 연락이 닿지 않고
6. 달빛이 가득한 마당
7. 장미꽃 한 송이
8. 꽃잎에 이슬이 맺히다.
9. 길섶 나리꽃
10. 새끼로 굴비를 엮다.
11. 방긋 웃으며 바라보다.
12. 밀밭만 지나가도 취한다.

종합 평가 1회

실제로 시험을 보는 자세로 임하게 지도해 주세요.
정확한 발음으로 한 번만 불러 주세요.

1회 72쪽

① 처마 밑에 달린 물받이
② 쇠붙이를 달구어
③ 신문을 샅샅이 보았다.
④ 말을 놓기로 했어.
⑤ 누렇게 익은 벼
⑥ 얼굴은 까맣지만
⑦ 듬직한 맏형
⑧ 어느 여름 낮 한때
⑨ 초등학교에 입학했다.
⑩ 쌀에 콩을 섞다.
⑪ 어려움을 겪다.
⑫ 집 안팎을 청소했다.

★이것을 배웠어요★

21단계에서는 구개음화, 22~23단계에서는 거센소리, 24~25단계에서는 음절의 끝소리 현상을 공부하였습니다.

21단계	'ㄷ'을 'ㅈ'으로 발음해요
22단계	'ㅎ' 뒤에서 거센소리가 나요
23단계	받침 때문에 'ㅎ'이 바뀌어요
24단계	받침을 'ㅂ'과 'ㄱ'으로 발음해요
25단계	받침을 'ㄷ'으로 발음해요

★이것만은 다시 확인해요★

다음 세 가지를 아이가 정확하게 알고 있는지 주의 깊게 살펴보세요.

① 앞말의 받침 'ㄷ, ㅌ' + 'ㅣ 모음'이면 'ㅈ, ㅊ'으로 소리 나는 현상을 알고 있나요?

② 앞말의 받침 'ㅎ' + 뒷말의 첫소리 'ㄱ, ㄷ, ㅈ'이면 거센소리로 소리 나는 현상을 알고 있나요?

③ 음절의 끝소리 'ㅍ'은 'ㅂ', 'ㄲ, ㅋ'은 'ㄱ', 'ㅅ, ㅆ, ㅈ'이나 'ㄷ, ㅊ, ㅌ'은 'ㄷ'으로 소리 나는 현상을 알고 있나요?

26단계

받침 'ㄱ, ㄲ, ㅋ'의 발음이 달라져요

★이것을 가르쳐 주세요★

 이 단계는 앞 글자의 받침 'ㄱ, ㄲ, ㅋ'과 뒷글자의 첫소리 'ㄴ, ㄹ, ㅁ'이 만나 소리가 어떻게 달라지는지 이해하도록 지도합니다.

- 앞 글자의 받침 'ㄱ, ㄲ, ㅋ' 뒤에 뒷글자 첫소리 'ㄴ, ㅁ'이 올 때 소리가 닮아 가는 현상 알기
- 앞 글자의 받침 'ㄱ, ㄲ, ㅋ' 뒤에 뒷글자 첫소리 'ㄹ'이 올 때 소리가 닮아 가는 현상 알기

★학습 목표★

- 앞 글자의 받침 'ㄱ, ㄲ, ㅋ' 뒤에 뒷글자 첫소리 'ㄴ, ㅁ'이 올 때 소리가 닮아 가는 현상 알기

 앞 글자의 받침은 'ㅇ'으로 변하고 뒷글자의 소리는 바뀌지 않습니다.
 예 막내[망내]

- 앞 글자의 받침 'ㄱ, ㄲ, ㅋ' 뒤에 뒷글자 첫소리 'ㄹ'이 올 때 소리가 닮아 가는 현상 알기

 앞 글자의 받침은 'ㅇ'으로 변하고 뒷글자의 첫소리는 'ㄴ'으로 바뀝니다.
 예 석류[성뉴]

★지도할 때 주의할 점★

 소리가 닮아 가는 현상(자음동화)은 표기와 발음이 일치하지 않기 때문에 아이들이 힘들어하는 부분입니다. 이러한 현상은 발음을 쉽게 하고자 하는 자연스러운 현상이므로 많이 소리 내어 읽으면서 소리와 글자가 서로 다르다는 것을 알고, 원래의 모양을 기억할 수 있도록 해야 합니다. 소리 내어 여러 번 읽어도 익숙해지지 않으면 원래의 글자 모양을 외우는 것도 방법입니다.

낱말 연습하기 1, 2

아이 스스로 공부하도록 지도해 주세요.
진하게 쓴 글자를 바르게 쓰는지 확인해 주세요.

1회 76쪽

2회 77쪽

낱말 받아쓰기 1, 2

진하게 쓴 글자의 발음에 유의하며 한 번만 불러 주세요.
단, 받아쓰기가 익숙하지 않아 잘 못 알아들었을 경우 한 번 더 불러 주세요.

3회 78쪽

① 막내	⑪ 폭로
② 학년	⑫ 폭락
③ 묵념	⑬ 악몽
④ 곡류	⑭ 학문
⑤ 국력	⑮ 녹물
⑥ 육류	⑯ 숙모
⑦ 속력	⑰ 약물
⑧ 목례	⑱ 속눈썹
⑨ 식량	⑲ 속마음
⑩ 측량	⑳ 육면체

4회 79쪽

① 박물관	⑪ 묶는다
② 축농증	⑫ 낚는다
③ 박람회	⑬ 목마르다
④ 부엌문	⑭ 무럭무럭
⑤ 녹는점	⑮ 막무가내
⑥ 먹는다	⑯ 넉넉하다
⑦ 썩는다	⑰ 막막하다
⑧ 닦는다	⑱ 억누르다
⑨ 볶는다	⑲ 눅눅하다
⑩ 꺾는다	⑳ 독립하다

어구와 문장 연습하기 1, 2

아이 스스로 공부하도록 지도해 주세요.

1회 80쪽

2회 81쪽

어구와 문장 받아쓰기 1, 2

정확한 발음으로 한 번만 불러 주세요. 단, 받아쓰기가 익숙하지 않아 잘 못 알아들었을 경우 한 번 더 불러 주세요. 띄어 쓴 부분은 짧게 띄어 읽어 주세요.

3회 82쪽

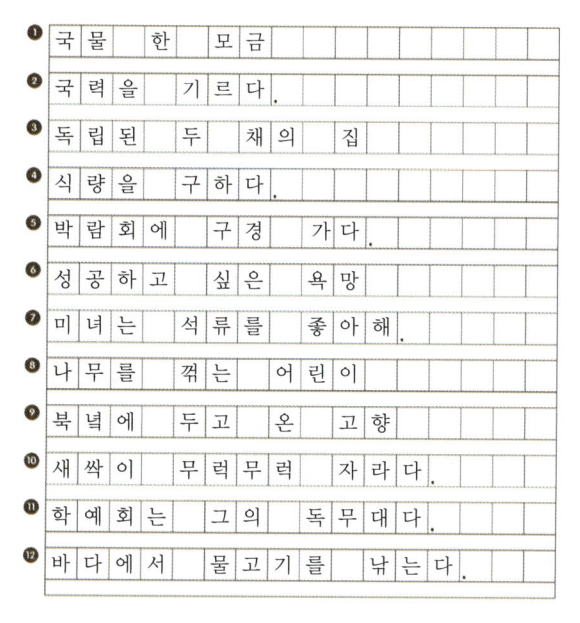

4회 83쪽

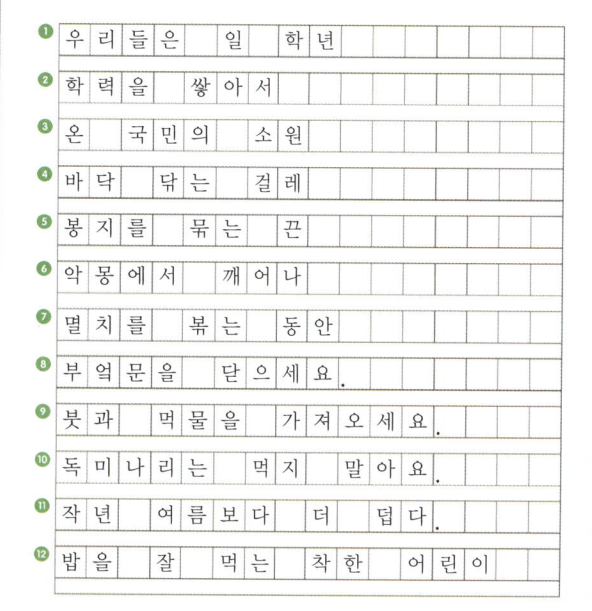

27단계

받침 'ㄷ, ㅂ'의 발음이 달라져요

★이것을 가르쳐 주세요★

　이 단계는 앞 글자의 받침 'ㄷ, ㅂ'과 뒷글자의 첫소리 'ㄴ, ㄹ, ㅁ'이 만나 소리가 어떻게 달라지는지 이해하도록 지도합니다.

• 앞 글자의 받침 'ㄷ(ㅅ, ㅆ, ㅈ, ㅊ, ㅌ)' 뒤에 뒷글자 첫소리로 'ㄴ, ㄹ, ㅁ'이 올 때, 소리가 닮아 가는 현상 알기
• 앞 글자의 받침 'ㅂ(ㅍ)' 뒤에 뒷글자 첫소리로 'ㄴ, ㄹ, ㅁ'이 올 때, 소리가 닮아 가는 현상 알기

★학습 목표★

• 앞 글자의 받침 'ㄷ(ㅌ, ㅅ, ㅆ, ㅈ, ㅊ)' 뒤에 뒷글자 첫소리 'ㄴ, ㄹ, ㅁ'이 올 때 소리가 닮아 가는 현상 알기

　앞 글자의 받침은 'ㄴ'으로 변하고 뒷글자의 첫소리는 'ㄴ'이나 'ㅁ'으로 소리 납니다.
　예 낱말[난말]

• 앞 글자의 받침 'ㅂ(ㅍ)' 뒤에 뒷글자 첫소리 'ㄴ, ㄹ, ㅁ'이 올 때 소리가 닮아 가는 현상 알기

　앞 글자의 받침은 'ㅁ'으로 변하고 뒷글자의 첫소리는 'ㄴ'이나 'ㅁ'으로 소리 납니다.
　예 밥맛[밤맛]

★지도할 때 주의할 점★

　규칙을 정확하게 기억하게 하는 것이 좋지만, 강제적으로 규칙을 암기하기보다는 어떤 부분을 잘 틀리는지 확인하여 규칙이 반영된 낱말을 생활 속에서 접할 수 있는 기회를 많이 마련해 주세요. 언어는 자연스럽게 알아 가는 것이 가장 바람직합니다.

낱말 연습하기 1, 2

아이 스스로 공부하도록 지도해 주세요.
진하게 쓴 글자를 바르게 쓰는지 확인해 주세요.

1회 86쪽

2회 87쪽

낱말 받아쓰기 1, 2

진하게 쓴 글자의 발음에 유의하며 한 번만 불러 주세요.
단, 받아쓰기가 익숙하지 않아 잘 못 알아들었을 경우 한 번 더 불러 주세요.

3회 88쪽

1. 콧날
2. 씻는
3. 찾는
4. 빗물
5. 샛물
6. 빚는
7. 짖는
8. 신는
9. 믿는
10. 걷는
11. 끝내
12. 맡는
13. 낱말
14. 톱니
15. 입는
16. 법률
17. 협력
18. 입맛
19. 앞날
20. 잎맥

4회 89쪽

1. 첫머리
2. 옷맵시
3. 첫무대
4. 샘솟는
5. 멋있는
6. 맛있는
7. 윷놀이
8. 꽃무늬
9. 꽃망울
10. 맛먹다
11. 이튿날
12. 겉모양
13. 낱낱이
14. 삼십년
15. 갓난아이
16. 첫나들이
17. 맏며느리
18. 끝마치다
19. 소꿉놀이
20. 앞못보는

어구와 문장 연습하기 1, 2

아이 스스로 공부하도록 지도해 주세요.

5회 90쪽

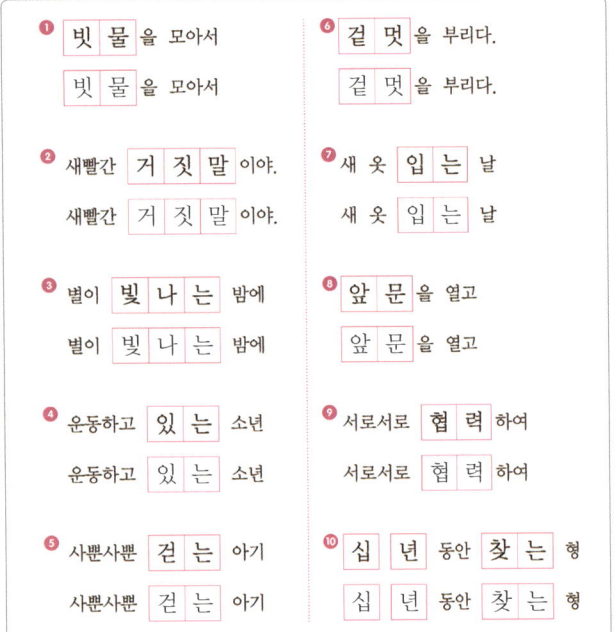

6회 91쪽

어구와 문장 받아쓰기 1, 2

정확한 발음으로 한 번만 불러 주세요. 단, 받아쓰기가 익숙하지 않아 잘 못 알아들었을 경우 한 번 더 불러 주세요. 띄어 쓴 부분은 짧게 띄어 읽어 주세요.

7회 92쪽

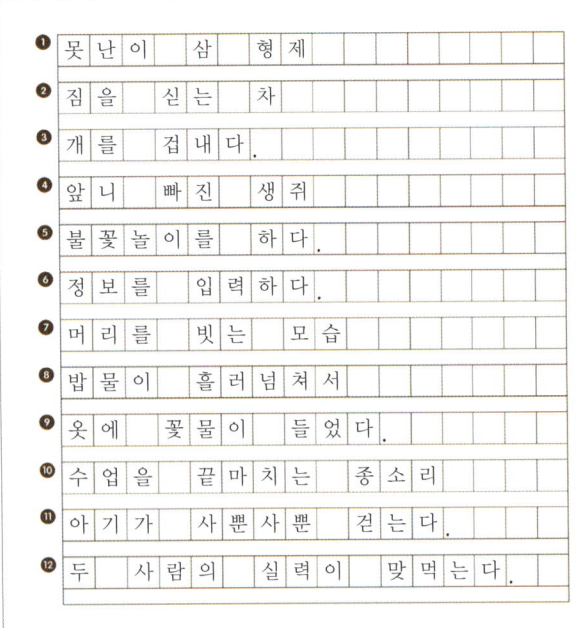

8회 93쪽

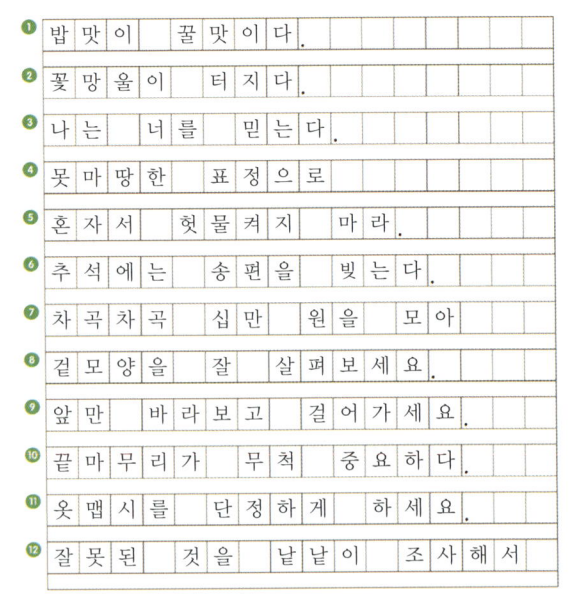

28단계

받침 'ㄴ, ㄹ'의 발음이 달라져요

★이것을 가르쳐 주세요★

이 단계는 앞 글자의 받침 'ㄴ, ㄹ, ㅁ, ㅇ'과 뒷글자의 첫소리에 'ㄴ, ㄹ'이 만나 소리가 어떻게 달라지는지 이해하도록 지도합니다.

- 앞 글자의 받침 'ㄴ' 뒤에 뒷글자 첫소리 'ㄹ'이 오거나 또는 반대의 경우, 소리가 닮아 가는 현상 알기
- 앞 글자의 받침 'ㅁ, ㅇ' 뒤에 뒷글자 첫소리 'ㄹ'이 올 때 소리가 닮아 가는 현상 알기

★학습 목표★

- 앞 글자의 받침 'ㄴ' 뒤에 뒷글자 첫소리 'ㄹ'이 오거나 또는 반대의 경우, 소리가 닮아 가는 현상 알기

  두 소리가 모두 'ㄹ'로 바뀝니다.
  예) 난로[날로], 달님[달림]

- 앞 글자의 받침 'ㅁ, ㅇ' 뒤에 뒷글자 첫소리 'ㄹ'이 올 때 소리가 닮아 가는 현상 알기

  앞 글자의 받침은 변하지 않고 뒷글자의 소리만 'ㄴ'으로 바뀝니다.
  예) 공룡[공뇽]

★지도할 때 주의할 점★

두 소리가 서로 닮아 갈 때, 모양이 완전히 같게 닮아 가는 소리(완전 자음동화)와 부분적으로 다르게 닮아 가는 소리(부분 자음동화)가 있습니다. 가능하면 같게 닮아 가는 소리(완전 자음동화)가 나타나는 낱말을 먼저 공부한 후, 부분적으로 닮아 가는 소리(부분 자음동화)가 나타나는 낱말을 공부하게 하는 것이 좋습니다.

낱말 연습하기 1, 2

아이 스스로 공부하도록 지도해 주세요.
진하게 쓴 글자를 바르게 쓰는지 확인해 주세요.

1회 96쪽

2회 97쪽

① 의사가 환자를 진찰하고 치료하는 일을 무엇이라고 하나요?
　①진료　②질료　　　　　　　　진 료

② '패배'의 반대말은 무엇인가요?
　①승리　②승니　　　　　　　　승 리

③ 칼의 얇고 날카로운 부분을 가리키는 말은 무엇인가요?
　①칼랄　②칼날　　　　　　　　칼 날

④ '불편'의 반대말은 무엇인가요?
　①편리　②펼리　③편니　　　　편 리

⑤ '삼국은 고구려, 백제, ○○이다.'에 들어갈 말은 무엇인가요?
　①실라　②실나　③신라　　　　신 라

⑥ 목이 마를 때 마시는 것을 무엇이라고 하나요?
　①음뇨수　②율료수　　　　　　음 료 수

⑦ 양손으로 줄의 끝을 잡고 줄을 뛰어넘는 운동을 무엇이라고 하나요?
　①줄넘기　②줄럼기　③주럼기　줄 넘 기

⑧ 우리나라를 대표하는 국가 원수를 무엇이라고 하나요?
　①대통닝　②대통령　③대통영　대 통 령

⑨ 버스나 택시가 멈춰서 사람을 태우는 곳을 무엇이라고 하나요?
　①정류장　②정뉴장　　　　　　정 류 장

⑩ '우리가 살고 있는 지금'을 가리키는 말은 무엇인가요?
　①오늘날　②오늘말　　　　　　오 늘 날

낱말 받아쓰기 1, 2

진하게 쓴 글자의 발음에 유의하며 한 번만 불러 주세요.
단, 받아쓰기가 익숙하지 않아 잘 못 알아들었을 경우 한 번 더 불러 주세요.

3회 98쪽

4회 99쪽

① 혼례식　⑪ 안락의자
② 연락선　⑫ 청량음료
③ 인력거　⑬ 청렴결백
④ 군량미　⑭ 간략하게
⑤ 물놀이　⑮ 영리하다
⑥ 달나라　⑯ 분류하다
⑦ 별나라　⑰ 연락하다
⑧ 돌나물　⑱ 찬란하다
⑨ 음료수　⑲ 강력하다
⑩ 분리수거　⑳ 상륙하다

어구와 문장 연습하기 1, 2

아이 스스로 공부하도록 지도해 주세요.

5회 100쪽

1. 신랑과 신부
2. 따뜻한 난로 옆에 앉아
3. 편리한 생활 도구들
4. 까치까치 설날은
5. 장래 희망을 적으세요.
6. 공룡이 사는 쥐라기 공원
7. 달나라에 사는 토끼에게
8. 줄넘기를 매일 연습해요.
9. 간략하게 설명해 주세요.
10. 청량음료 마시고 싶어.

6회 101쪽

어구와 문장 받아쓰기 1, 2

정확한 발음으로 한 번만 불러 주세요. 단, 받아쓰기가 익숙하지 않아 잘 못 알아들었을 경우 한 번 더 불러 주세요. 띄어 쓴 부분은 짧게 띄어 읽어 주세요.

7회 102쪽

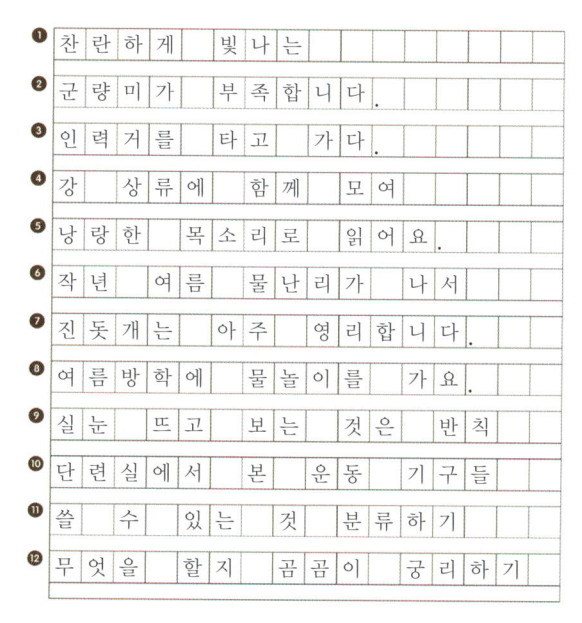

8회 103쪽

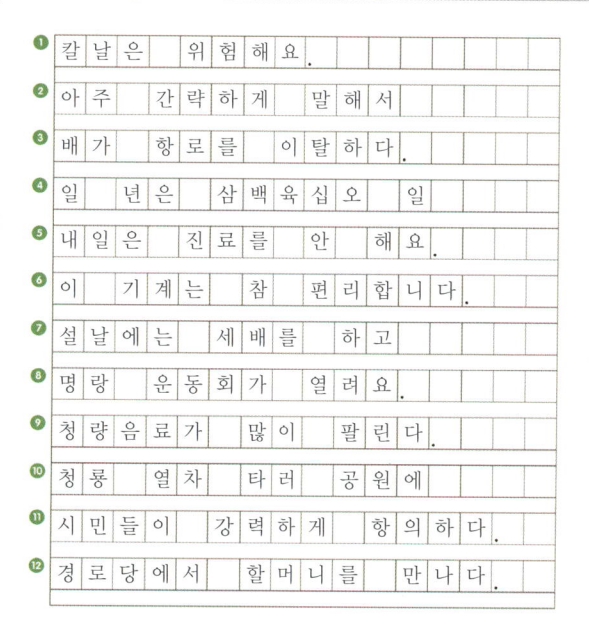

중간 평가 2회

실제로 시험을 보는 자세로 임하게 지도해 주세요.
정확한 발음으로 한 번만 불러 주세요.

2회 104쪽

틀린 것 찾기	바르게 고쳐 쓰기
❶ 오 남매 중에 망 내 입니다.	오 남매 중에 막 내 입니다.
❷ 궁 물 한 방울 안 남기고	국 물 한 방울 안 남기고
❸ 붓을 들어 멍 믈 로 글씨를 쓰다.	붓을 들어 먹 물 로 글씨를 쓰다.
❹ 천 눈 오는 날 만나자.	첫 눈 오는 날 만나자.
❺ 장 년 에 이어 올해도	작 년 에 이어 올해도
❻ 고기 썽 는 냄새가 난다.	고기 썩 는 냄새가 난다.
❼ 공 물 을 갈아서 만들어요.	곡 물 을 갈아서 만들어요.
❽ 꽃 방 남 회 를 다녀와서	꽃 박 람 회 를 다녀와서
❾ 충 농 증 으로 고생하다.	축 농 증 으로 고생하다.
❿ 빈 나 는 졸업장을 타신 언니께	빛 나 는 졸업장을 타신 언니께

2회 105쪽

틀린 것 찾기	바르게 고쳐 쓰기
❶ 던 니 가 귀여운 소녀	덧 니 가 귀여운 소녀
❷ 암 문 으로 들어오세요.	앞 문 으로 들어오세요.
❸ 대한 동 닙 만세	대한 독 립 만세
❹ 날카로운 톱 날	날카로운 톱 날
❺ 매년 항 년 이 올라갈수록	매년 학 년 이 올라갈수록
❻ 머리를 뭉 는 게 좋겠다.	머리를 묶 는 게 좋겠다.
❼ 망 노 동 을 해서 번 돈	막 노 동 을 해서 번 돈
❽ 암 녀 솔 이 너무 무거워서	압 력 솥 이 너무 무거워서
❾ 건 모 양 만 보고는 몰라.	겉 모 양 만 보고는 몰라.
❿ 과자가 눙 눅 해요.	과자가 눅 눅 해요.

중간 평가 2회

실제로 시험을 보는 자세로 임하게 지도해 주세요.
정확한 발음으로 한 번만 불러 주세요.

2회 106쪽

❶ 우리들은 일 학년
❷ 앞머리를 자르고
❸ 정보를 입력하다.
❹ 줄넘기 놀이하자.
❺ 앞니가 부러지는 사고
❻ 이튿날 눈을 뜨고 보니
❼ 배가 항로를 이탈하다.
❽ 겨울에는 난로가 최고야.
❾ 온 국민이 다 같이 모여서
❿ 진돗개는 아주 영리합니다.
⓫ 겉모양이 마음에 듭니다.
⓬ 감기 때문에 콧물이 흘러
⓭ 올해 여름이 작년보다 덥다.
⓮ 불꽃놀이 구경하러 가자.

2회 107쪽

❶ 음료수 한 잔 드세요.
❷ 갓난아기처럼 우는구나.
❸ 화분에 꽃나무를 심자.
❹ 일 년이 열 번이면
❺ 공룡이 사라진 이유는
❻ 아주 간략하게 말해서
❼ 추석에는 송편을 빚는다.
❽ 무럭무럭 자라나는 나무들
❾ 바르게 듣는 자세가 중요해.
❿ 달님에게 소원을 빌어 보자.
⓫ 십 년 전 약속을 기억해요.
⓬ 간략하게 요점만 말하자면
⓭ 앞 못 보는 사람 도와주기
⓮ 경로당에서 할머니를 만나다.

29단계
된소리로 쓰면 안 돼요

★이것을 가르쳐 주세요★

이 단계는 문장 속에서 된소리로 적으면 안 되는 낱말들과 된소리로 적어야 하는 낱말들을 구별하는 방법을 지도합니다.

- 된소리로 적으면 안 되는 낱말 알기
  'ㄹ' 뒤에 'ㄱ, ㄷ, ㅂ, ㅅ, ㅈ'이 올 때 된소리로 적지 않기
- 의문을 나타내는 끝말을 된소리로 나타내기

★학습 목표★

- 된소리로 적으면 안 되는 낱말 알기

  꾸며 주는 말 '-(으)ㄹ' 뒤에 'ㄱ, ㄷ, ㅂ, ㅅ, ㅈ'이 올 경우, 실제 소리는 된소리로 납니다. 그러나 받아쓰기할 때에는 된소리로 적지 않습니다.
  예 할 것을, 갈 데가, 할 바를, 할 적에 등

- 의문을 나타내는 끝말을 된소리로 나타내기

  의문을 나타내는 끝말은 된소리로 적습니다.
  예 ~할까?, 어쩌면 좋을꼬?, 맞습니까?

★지도할 때 주의할 점★

'된소리되기' 단계를 이미 공부했지만 여전히 규칙을 적용하지 못하고 모르는 낱말은 소리 나는 대로 쓰는 아이들이 많습니다. 이런 아이들에게는 된소리 현상을 보이는 단어를 접할 수 있는 기회를 많이 제공해 주십시오. 강제적으로 암기하는 것보다는 경험을 통해 터득하는 것이 가장 좋습니다.

아이에게 낱말을 제시할 때, 처음에는 각 낱말을 끊어서 읽어 본 다음, 그것을 연결하여 읽게 하면 된소리가 되는 현상을 직접 경험하게 할 수 있습니다. 이때, 소리 나는 대로 적어서는 안 됨을 다시 한 번 강조해 주세요.

낱말 연습하기 1, 2

아이 스스로 공부하도록 지도해 주세요.
진하게 쓴 글자를 바르게 쓰는지 확인해 주세요.

1회 110쪽

1. 무엇을 할까? / 무엇을 할까?
2. 어디 갔을꼬? / 어디 갔을꼬?
3. 지날수록 / 지날수록
4. 맞습니까? / 맞습니까?
5. 약속할게. / 약속할게.
6. 질지라도 / 질지라도
7. 갈 적에 / 갈 적에
8. 어찌할 바 / 어찌할 바
9. 했을지라도 / 했을지라도
10. 힘들지라도 / 힘들지라도

2회 111쪽

1. 사지 않은 것을 후회하는 행동은 어떻게 표현하나요?
   ① 살 껄 ②(살 걸) — 살 걸
2. 어떤 일을 할 때를 가리키는 말은 무엇인가요?
   ① 할 저계 ② 할 쩍에 ③(할 적에) — 할 적에
3. '시간이 흐르면 흐를수록'과 같은 말은 무엇인가요?
   ①(지날수록) ② 지날쑤록 — 지날수록
4. '하지 말도록 부탁하는 말'은 무엇인가요?
   ① 말쩌다 ②(말지어다) — 말지어다
5. 다른 사람이 '속이려 하더라도'와 같은 표현은 무엇인가요?
   ① 소길쩌라도 ② 속일쩌라도 ③(속일지라도) — 속일지라도
6. '먹을 것인지 안 먹을 것인지'를 뜻하는 말은 무엇인가요?
   ① 먹음지 말찌 ②(먹을지 말지) — 먹을지 말지
7. '어디에 갔는지 궁금해하는 말'은 무엇인가요?
   ①(어디 갔을꼬) ② 어디 갔을고? — 어디 갔을꼬?
8. 안부를 묻는 말은 무엇인가요?
   ①(안녕하십니까) ② 안녕십가가? — 안녕하십니까?
9. 시각을 묻는 말은 무엇인가요?
   ① 몇 시입니까? ②(몇 시입니까) — 몇 시입니까?
10. 개수를 묻는 말은 무엇인가요?
    ①(몇 개입니까) ② 몇 개입니까? — 몇 개입니까?

낱말 받아쓰기 1, 2

진하게 쓴 글자의 발음에 유의하며 한 번만 불러 주세요.
단, 받아쓰기가 익숙하지 않아 잘 못 알아들었을 경우 한 번 더 불러 주세요.

3회 112쪽

1. 볼걸
2. 할걸
3. 먹을걸
4. 입을걸
5. 마실걸
6. 줄수록
7. 잘수록
8. 흐를수록
9. 쌓일수록
10. 급할수록
11. 볼지말지
12. 줄지말지
13. 할지말지
14. 먹을지말지
15. 공부할게
16. 운동할게
17. 약속할게
18. 이길지라도
19. 늦을지라도
20. 속일지라도

4회 113쪽

1. 말지어다
2. 어찌할지
3. 늦을세라
4. 할 적에
5. 할진대
6. 갈 것을
7. 할 밖에
8. 질세라
9. 어찌할 바
10. 없을지라도
11. 떨어질지
12. 어렸을 적
13. 나올시다
14. 따라갈까?
15. 할까?
16. 입을까?
17. 맞습니까?
18. 어찌될까?
19. 올쏘냐?
20. 몇 개일까?

34

어구와 문장 연습하기 1, 2

아이 스스로 공부하도록 지도해 주세요.

5회 114쪽

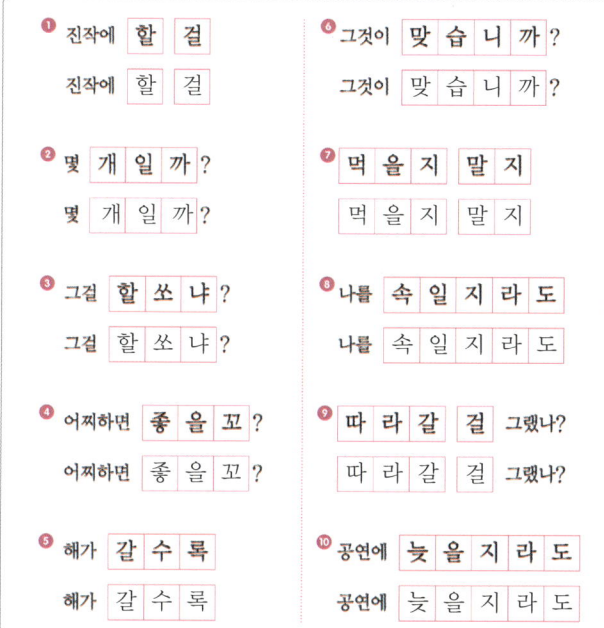

6회 115쪽

어구와 문장 받아쓰기 1, 2

정확한 발음으로 한 번만 불러 주세요. 단, 받아쓰기가 익숙하지 않아 잘 못 알아들었을 경우 한 번 더 불러 주세요. 띄어 쓴 부분은 짧게 띄어 읽어 주세요.

7회 116쪽

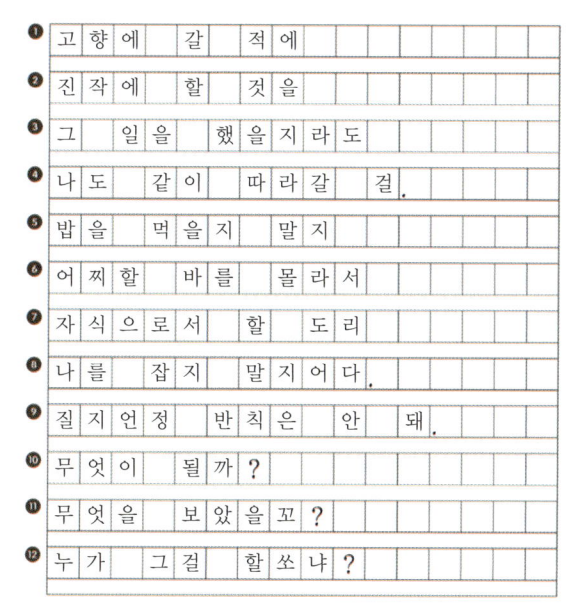

8회 117쪽

❶	따라	할	걸	그랬네.		
❷	나를	속일지라도				
❸	내가	공부할	적에			
❹	또	어길	시에는			
❺	키가	점점	커질수록			
❻	떨어질지라도	해	보리라.			
❼	질세라	얼른	따라갔다.			
❽	시간이	지날수록	어려워서			
❾	어찌하면	좋을꼬?				
❿	너에게	질쏘냐?				
⓫	벌써	모였습니까?				
⓬	이	답이	맞습니까?			

30단계
소리는 같지만 글자가 달라요

★이것을 가르쳐 주세요★

이 단계는 발음은 같지만 표기가 다른 낱말들을 구별하게 하는 데 초점을 두고 가르칩니다. 여러 가지 음운 현상으로 인해 같은 소리로 발음하지만 의미가 다른 낱말들의 의미를 파악하는 것입니다.

- 소리는 같지만 뜻이 다른 낱말 알기

★학습 목표★

낱말이나 문장을 받아쓸 때에는 의미를 파악하고 적어야 합니다. 발음이 같게 나는 낱말들은 문맥 속에서 의미를 파악해야 하기 때문에 낱말 받아쓰기를 연습할 때 낱말이 사용되는 상황을 함께 제시해야 합니다. 3회와 4회 괄호 안의 낱말은 소리 내어 불러 주지만 아이가 받아쓰게 하지는 않습니다. 다만, 어떤 상황에 사용되는 낱말인지 파악하는 데 이용하고 괄호 뒤의 낱말을 받아쓰기합니다.

★지도할 때 주의할 점★

소리는 같지만 의미가 다른 낱말은 어른들도 틀리기 쉬운 부분입니다. 낱말이 사용되는 상황을 통해 암기하는 방법밖에 없습니다. 그러나 암기하도록 지나치게 강요하면 오히려 받아쓰기에 대한 거부감을 불러올 수 있습니다. 현재의 단계에서 완벽하게 이해하지 못하더라도 시간이 지나고 상황 이해력이 좋아지면 점차 좋아질 수 있으므로 다양한 책 읽기나 대화 등을 통해 능력이 향상될 수 있도록 도와주고 기다려 주십시오.

낱말 연습하기 1, 2

아이 스스로 공부하도록 지도해 주세요.
진하게 쓴 글자를 바르게 쓰는지 확인해 주세요.

1회 120쪽

2회 121쪽

1. 두 발을 옮겨 움직이는 모습을 가리키는 말은 무엇인가요?
   ① 걸음 ② 거름 → 걸음
2. 식물이 잘 자라게 하기 위한 것은 무엇인가요?
   ① 걸음 ② 거름 → 거름
3. 물이 얼어서 만들어진 것은 무엇인가요?
   ① 얼음 ② 어름 → 얼음
4. 두 사물의 끝이 맞닿은 자리를 가리키는 말은 무엇인가요?
   ① 어름 ② 얼음 → 어름
5. 목에 거는 장식품은 무엇인가요?
   ① 목걸이 ② 목거리 → 목걸이
6. 목이 붓고 아픈 병은 무엇인가요?
   ① 목걸이 ② 목거리 → 목거리
7. 친구에게 편지를 보내는 것을 가리키는 말은 무엇인가요?
   ① 부치다 ② 붙이다 → 부치다
8. '봉투에 우표를 ○○○.'에서 알맞은 말은 무엇인가요?
   ① 붙이다 ② 부치다 → 붙이다
9. 다리가 감각이 없고 둔한 모습을 표현한 말은 무엇인가요?
   ① 저리다 ② 절이다 → 저리다
10. 배추를 소금물에 넣어 두는 것을 가리키는 말은 무엇인가요?
    ① 절이다 ② 저리다 → 절이다

낱말 받아쓰기 1, 2

진하게 쓴 글자의 발음에 유의하며 한 번만 불러 주세요.
단, 받아쓰기가 익숙하지 않아 잘 못 알아들었을 경우 한 번 더 불러 주세요.

3회 122쪽

4회 123쪽

37

어구와 문장 연습하기 1, 2

아이 스스로 공부하도록 지도해 주세요.

5회 124쪽

1. 차가운 얼음 / 차가운 얼음
2. 빠른 걸음 / 빠른 걸음
3. 풀을 썩힌 거름 / 풀을 썩힌 거름
4. 소금에 절인 배추 / 소금에 절인 배추
5. 행동이 느려서 / 행동이 느려서
6. 와이셔츠를 다리다 / 와이셔츠를 다리다
7. 하던 일을 마치고 / 하던 일을 마치고
8. 고개를 반듯이 들어 / 고개를 반듯이 들어
9. 과녁에 맞혀진 화살 / 과녁에 맞혀진 화살
10. 사람으로서 해야 할 일 / 사람으로서 해야 할 일

6회 125쪽

어구와 문장 받아쓰기 1, 2

정확한 발음으로 한 번만 불러 주세요. 단, 받아쓰기가 익숙하지 않아 잘 못 알아들었을 경우 한 번 더 불러 주세요. 띄어 쓴 부분은 짧게 띄어 읽어 주세요.

7회 126쪽

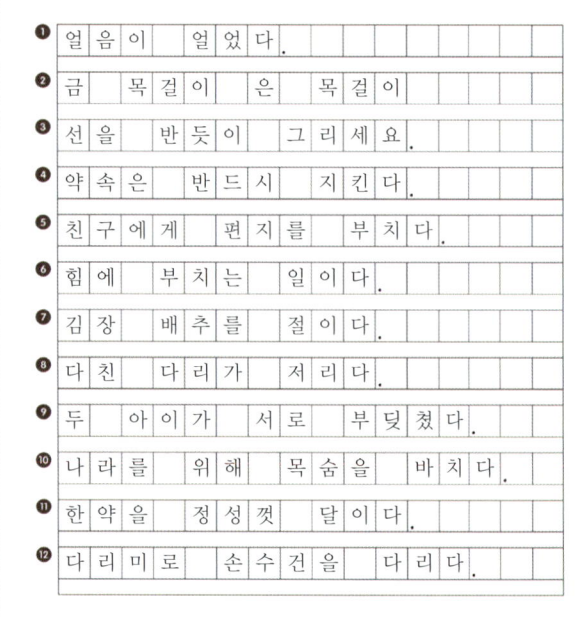

8회 127쪽

1. 장난치다가 다치다.
2. 문이 저절로 닫히다.
3. 진도가 너무 느리다.
4. 바지 길이를 늘이다.
5. 서러움에 받쳐서
6. 우산을 받쳐 들고
7. 가든 말든 상관 안 해.
8. 서울을 거쳐 왔다.
9. 친구가 안경을 맞추다.
10. 시험문제를 잘 맞혀서
11. 오늘은 수업을 일찍 마쳤다.
12. 오락하느라 밤을 새웠다.

종합 평가 2회

실제로 시험을 보는 자세로 임하게 지도해 주세요.
정확한 발음으로 한 번만 불러 주세요.

2회 128쪽

틀린 것 찾기
1. 차가운 어름
2. 아기 거름 걷는 아장아장
3. 어찌하면 좋을고?
4. 해가 갈쑤록 실력이 나아지다.
5. 고개를 반드시 들어요.
6. 집에 가서 반듯이 복습하세요.
7. 어떤 옷을 입을가?
8. 사람으로써 해야 할 일
9. 세상이 나를 속일찌라도
10. 선물을 줄찌말찌

바르게 고쳐 쓰기
1. 차가운 얼음
2. 아기 걸음 걷는 아장아장
3. 어찌하면 좋을꼬?
4. 해가 갈수록 실력이 나아지다.
5. 고개를 반듯이 들어요.
6. 집에 가서 반드시 복습하세요.
7. 어떤 옷을 입을까?
8. 사람으로서 해야 할 일
9. 세상이 나를 속일지라도
10. 선물을 줄지말지

2회 129쪽

1. 옷을 입을지 말지
2. 돈 한 푼 없을지라도
3. 선을 반듯이 그리세요.
4. 누가 이겼을까?
5. 그 일이 어떻게 될까?
6. 설문지가 잘 안 걷히네.
7. 친구에게 편지를 부치다.
8. 수출량을 늘려야 합니다.
9. 거북이처럼 행동이 느리네.
10. 부산과 대전을 거쳐 서울로
11. 한약은 정성껏 달여야 해요.
12. 어찌할 바를 몰라 머뭇거려

종합 평가 2회

실제로 시험을 보는 자세로 임하게 지도해 주세요.
정확한 발음으로 한 번만 불러 주세요.

2회 130쪽

1. 빈대떡을 부치다.
2. 내가 어렸을 적에
3. 금 목걸이은 목걸이
4. 설마 그렇게 할쏘냐?
5. 공부 분량을 늘리다.
6. 진도가 너무 느리다.
7. 문이 저절로 닫히다.
8. 진작에 할 걸 그랬어.
9. 약속 시간에 늦을세라
10. 다리미로 손수건을 다리다.
11. 이번에 우리 반이 이길지라도
12. 나라를 위해 목숨을 바치다.

2회 131쪽

1. 못난이 형제들
2. 옷에 꽃물이 들었다.
3. 봉지 묶는 끈을 찾아라.
4. 앞만 보고 걸어가세요.
5. 오늘 수업을 마치겠어요.
6. 차곡차곡 십만 원을 모아
7. 귀신보다 사람을 겁내다.
8. 제자로서 마땅히 할 도리
9. 과자를 먹지 말 걸.
10. 편리하게 만들어진 도구들
11. 문이 저절로 닫혀요.
12. 심하게 장난치면 다쳐요.

종합 평가 2회

실제로 시험을 보는 자세로 임하게 지도해 주세요.
정확한 발음으로 한 번만 불러 주세요.

2회 132쪽

① 박물관 구경 가고 싶어요.
② 아주 못마땅한 표정으로
③ 송편을 빚는 일은 즐거워.
④ 이 정도 분량이면 충분해.
⑤ 앞머리를 예쁘게 자르고
⑥ 소꿉놀이 친구가 보고 싶다.
⑦ 내가 어렸을 적에 보았던
⑧ 바다에서 고기를 낚는 어부
⑨ 수업을 마치는 종소리에 놀라
⑩ 어찌할지 곰곰이 궁리하다가
⑪ 운동장에서 줄넘기를 연습해라.
⑫ 배추를 소금물에 절이다.

★이것을 배웠어요★

26~30단계에서는 '닮아 가는 소리 알기', '된소리로 적으면 안 되는 낱말 알기', '소리는 같지만 뜻이 다른 낱말 구별하기'에 대해 공부하였습니다.

26단계	받침 'ㄱ, ㄲ, ㅋ'의 발음이 달라져요
27단계	받침 'ㄷ, ㅂ'의 발음이 달라져요
28단계	받침 'ㄴ, ㄹ'의 발음이 달라져요
29단계	된소리로 쓰면 안 돼요
30단계	소리는 같지만 글자가 달라요

★이것만은 다시 확인해요★

다음 세 가지를 아이가 정확하게 구별하는지 주의 깊게 살펴보세요.

① 앞 글자의 받침과 뒷글자의 첫소리가 만나 닮은 소리가 나는 낱말의 원래 모양을 정확하게 기억할 수 있나요?

② 문장 속에서 된소리로 적으면 안 되는 낱말들을 알고 있나요?

③ 같은 소리지만 뜻이 다른 낱말들을 문장 속에서 구별할 수 있나요?